現代の教育法制

篠原清昭・笠井 尚・生嶌亜樹子 著

講座 現代学校教育の高度化　小島弘道 監修　4

学文社

執筆者			
篠原 清昭	岐阜大学教職大学院教授	第1章・第2章・第3章・第9章
笠井 尚	中部大学教職課程准教授	第5章・第6章・第7章
生嶌 亜樹子	愛知教育大学専任講師	第4章・第8章

監修にあたって

　現代の学校は，社会のドラスティックな変化を前に，その社会に生きる上で直面する様々な課題に向き合い，解決して自分なりの生き方を選択，設計，実現するための「生きる力」の育成ほか，知識基盤社会など社会の新たなかたちに対応しうる人材を育成することが期待されている。その担い手としての教師をどう育成し，かつその質をどう高めるかは喫緊の課題であることは異論のないところだろう。これまで教員養成に対しては主として学部レベルの知や技の在り方を探り，さらに現職研修の充実によって対応してきた。しかし近年，教職大学院の設置や既存の教育系大学院の改革により教員を養成することに強い関心を寄せてきている教育政策からは，今後の教員養成は大学院レベルで行うことが望ましいとする方向が見え隠れする。しかし，それは教師の一部に限ってそうしようとするものであるばかりか，その大学院でいかなる知と技によって優れた教師を育成するかについては，その制度設計も含め，改善，改革すべき課題が山積し，その多くは今後に残されたままである。

　またそこでめざす職業人としてのかたちが「高度専門職業人」であるとされながらも，そこでの教師像，力量，そのために必要な育成や養成のシステムなどについて明確にされているというにはほど遠いというのが現実である。

　高度専門職業人としての教師であるためには，次の３つの知が不可欠だと考えられる。

- 専門性の高度化を持続させる知
- 専門性を成熟させる知
- 専門性を学校づくりに生かす知

　高度専門職業人であることは，高度な専門性を追究し，その分野のスペシャリストとして自らの教職キャリアを選択する方向，また求められるならばこれまで培ってきた専門性を基盤としてそれを学校づくりに生かすという教職キャ

リアを選択する方向があるだろう。そのいずれの方向であれ，「高度」というものがつきまとい，その実体を身に付けた教師であることが求められている。専門性は今や膨らみを持たせて語ることが重要である。授業実践にとどまらず，学校づくりにつながる授業実践の視野が求められる。その意味でも「専門性を学校づくりに生かす知」という視点は不可欠だと思う。その際，期待する教師像は「考える教師」，つまり「省察，創造，実践する教師」に求めたい。

　高度専門職業人としての教職に必要な知のレベルは「大学院知」としてとらえたい。この内実を明確にし，その知を実践に即して振り返り，その知を進化，発展させ，さらに新たな知を創造すること，それを教育実践と学校づくりとの関連で相互に生かす知として編集することができる力量の育成を通して，教職を名実共に成熟した専門職にまで高め，その専門性を不断に進化，成熟させるにふさわしい力量を備えた教師を育成する知を解明することが大切である。高度専門職業人であるための知は，大学院修了の資格を有しているか，いないかにかかわらず，その水準を「大学院知」に設定したい。そうした知の育成，展開をめざした研修でもありたい。さらに言えば本講座を通して「大学院知」のスタンダード，スタンダードモデルを創造し，発信するメッセージとなれば幸いである。

　本講座を構成する知は，①知識基盤テーマ群，②学校づくりテーマ群，③教育実践テーマ群，④教育内容テーマ群，の4群から構成した。各巻における編集・執筆の観点は，テーマをめぐる，①問題・課題の状況，②これまでの，そして現在の，さらにこれから必要とされる考え方や知見，③学校づくりや学校変革への示唆，である。

　本講座の趣旨にご理解をいただき，出版の機会を与えていただいた，学文社の三原多津夫氏に敬意と感謝を申し上げる。

監修　小島　弘道

まえがき

本書のねらい

　教育と法の関係が微妙に変化しつつある。教育の制度や組織さらに活動を規定する法のすべてを総称して「教育法」と呼ぶならば、近年この教育法が大きく変化している。その変化の特徴は、国家が教育改革のための法化を通じて、マクロには公教育制度の再編化・脱制度化を行い、ミクロには教育委員会や学校の行政・経営さらに教室の授業の在り方を介入的に統制しようとしている点にある。

　この教育法の変化の特質は、教育の法化と形容できる。詳細には、教育の規範法化、私法化さらに政策法化を指す。教育の規範法化は、国民形成や学校教育の目標や価値など、教育の価値や理念の実定法化をいう。例えば、近年の教育基本法の改正（第2条）や学校教育法の改正（第21条）では、日本人としての「態度」が倫理的に列挙され、日本の教育目標として実定法化された。教育の規範法化といえる。教育の私法化は教育の市場化・民営化のための実定法化をいう。主に学校の設置や運営に関する公法を規制緩和し、学校の設置主体の多様化や公立学校の民間委託化のための私法化を求めている。これらの法改正は、学校教育法体制下の一条学校の脱制度化を求め、公立学校の存在価値を大きく変化させようとしている。教育の政策法化は、国家が教育法を政策の道具規範として使用し、直接に生活世界としての学校に介入し、その経営実践をガバメント（統制）している状況をいう。

　現在、教育と法の関係は新自由主義及び新保守主義的な教育改革の中で大きく変化し、国家が法を媒体として教育の内部に介入し、教育の制度・組織・運営を再編し、統治していく関係にある。こうした教育法の変質に対して、われわれはどのように法を捉えればいいのか。いかに法実践を行えばいいのか。過

去，教育法理論の中枢にあった「国民の教育権」論は新たな教育の法化とその法現象に対して停滞し，新しい教育法の法解釈の方向を導けない。今求められるのは，教育改革立法の法理論を法解釈学的に分析し，変動する教育法現象に対応できる法実践を方向づける新しい教育法理論であると考える。

本書は，教育改革の中で急激に進行する教育法現象の変化を考察し，そこに規定される教育法理論を検証し，現代の教育法制の構造と特質を明らかにすることを目的としている。

本書の内容

本書は，大きくは総論と各論から構成されている。総論では，日本の教育法の法理論と法現象の本質論的な考察を行う。まず，伝統的な日本の教育法の法理論とされる「国民の教育権」論を再考し，その教育法の法理論としての特質を明らかにする（第1章 教育法の法理論―「国民の教育権」論の再考―）。その上で，1990年代以降の教育改革・学校改革により変化する教育法現象の構造を分析し，それに応答する新しい教育法理論の考察枠組み（新しい「国民の教育権」論）を考察する（第2章 教育法の法現象）。

各論では，1990年代以降の「教育改革立法」，教育基本法の改正や学校教育法等の改正さらに構造改革特別区域法等を事例として，教育改革による新しい教育法改正の目的（立法者意思），法現象さらにそれによる法実践の課題を考察する。

具体的には，第1に教育基本法の改正について，その改正の政策背景を踏まえて立法者意図を明らかにするとともに，同法がこれまでの「憲法・教育基本法体制」を変化させ，新保守主義及び新自由主義イデオロギーによる新たな教育の法化に機能しているその特質を考察する（第3章 教育基本法の改正と教育法）とともに，構造改革特別区域法等を対象に，学校の民営化がどのように法化されているかを中心に，学校制度の再編化の法の内容を考察する（第4章 学校制度と教育法）。

第2に，学校の組織や経営さらに校長・教員に関して，学校教育法等の改正

がどのように学校経営の組織や運営を変化させているか（第5章　学校経営と教育法）。また，校長・教師の職制を変化させているか（第7章　校長・教師と教育法）を考察する。さらに，学校教育法や学習指導要領等の改正（改訂）が，教育課程をどのように変化させているか（第6章　教育課程と教育法）を考察する。また，校長・教師の立場のみならず，親あるいは子どもの立場から法改正の動向を考察する（第8章　子どもと教育法）。

　第3に，今後の新しい教育改革の可能性として政権交代（民主党）による教育法制の変化を予想的に考察する（第9章　政権交代と教育法）。すでに，民主党は子ども手当等の支給をマニュアルで国民に公約するだけではなく，教育委員会制度の見直しと地方教育行政の首長部局化，教育監査委員会の導入や学校理事会の導入等，大きく教育制度を改変する法案を作成している。現時点では，どのように今後の教育法制が展開するか不明だが，今後の教育法制の変化を予想的に考察する必要があると考える。

　2010年3月16日

第4巻著者代表　篠原　清昭

目　次

監修にあたって
まえがき

総論編　教育法の法理論と法現象

第1章　教育法の法理論——「国民の教育権」論の再考 ——————10

第1節　教育法の法理論とは　10
第2節　「国民の教育権」論の成立　11
第3節　「国民の教育権」論の転換　18

第2章　教育法の法現象 ————————————————————30

第1節　教育法の法現象と「国民の教育権」論の葛藤　30
第2節　教育法学のパラダイム構築　37

各論編　教育改革と教育法

第3章　教育基本法の改正と教育法 ——————————————50

第1節　教育基本法の改正にみる法理論　50
第2節　教育基本法改正にみる教育の法化　59

第4章　学校制度と教育法 ——————————————————71

第1節　学校の設置者に関する法制　71
第2節　学校の設置基準に関する法制　73
第3節　教育特区における学校の民営化　74

    第 4 節　わが国における学校の民営化の到達点　77

第 5 章　学校経営と教育法　――――――――――――――――――81

　　第 1 節　学校経営の実定法化　81
　　第 2 節　学校経営の組織　83
　　第 3 節　学校評価の法制化　91

第 6 章　教育課程と教育法　――――――――――――――――――98

　　第 1 節　学習指導要領の改訂　98
　　第 2 節　学力評価と全国学力テストの実施　107
　　第 3 節　カリキュラムと教育条件整備　110

第 7 章　校長・教師と教育法　―――――――――――――――――118

　　第 1 節　教員養成と免許制度改革　118
　　第 2 節　新しい校長・教員像　126
　　第 3 節　教員評価と研修制度の充実　130

第 8 章　子どもと教育法　―――――――――――――――――――138

　　第 1 節　家庭教育と教育法　138
　　第 2 節　幼児期の教育・保育と教育法　144
　　第 3 節　生徒指導と教育法　153

第 9 章　政権交代と教育法　――――――――――――――――――164

　　第 1 節　民主党の教育法理念――「日本国教育基本法案」　165
　　第 2 節　民主党の教育改革構想　171

　　索　引　179

総論編

教育法の法理論と法現象

第1章　教育法の法理論
—「国民の教育権」論の再考—

第1節　教育法の法理論とは

　現在の教育改革の進行は，マクロには公教育の制度の解体と再編を進行させ，同時に公教育の制度原理である「教育における公共性」の理論とその国家・社会規範である教育法の法理論の転換を求めている。例えば，過去「国民の教育権」論からの公教育制度原理であった「私事の組織化」原理は，教育の自由化や市場化が求める「教育の私事化」原理と葛藤をもち，その制度原理としての価値は，「フィクション（作り話）」[1]であり，「空想である」[2]と厳しく批判されている。

　また，ミクロには近年の公立小・中学校の学校選択の自由化により生じた新しい学校選択の自由権は，伝統的な「国民の教育権」（就学保障の社会権）と矛盾・葛藤する状況を示し，「ポストモダンにおける教育権が，社会的個人権から消費者主権へ変容した」[3]ともいわれる。同様に，近年の「第三の学校経営改革」として進行する学校の（行政）経営化（校長のリーダーシップ強化，民間人校長の登用，学校評議員制度の導入，職員会議の補助機関化，教員人事考課制度の導入等）は，「規制緩和」により「学校の自主性・自律性」を保障すると形容されるが，過去「国民の教育権」論にたつ学校法の法理であった「学校自治」論を取り込み，吸収する形で進行している[4]。

　黒崎勲は，こうした教育法現象の変化と教育法理論の停滞と葛藤状況に対して，厳しく理論サイドの責任を突く。それは，「国民の教育権」論が国家統制と国民の教育の自由を対抗させることがリアリティをもった歴史状況において

のみ有効であり，時代が推移し，問題となる課題が変質した現在においては，「もはや，国家の教育権対国民の教育権といった対抗図式は，少なくとも実際の教育制度の全体を規定しない」(5)という歴史的・時代的制約性をいう。確かに，「国民の教育権」論が，その生成の事情において，国家権力の教育政策への対抗の宿命をもち，「一種のイデオロギー闘争」(6)の過程で成立し，そこに「緊急的法理・理論」(7)の形成を余儀なくされたという限界をもつことは事実であろう。しかし，その限界をことさらに強調し，断罪的に批判することには禁欲的でなければならない。

重要なことは，教育法現象の変化とその変化の中で生じる教育法原理の変質を相対的に検証すること。そして，その上で過去の教育法原理を構成した考察枠組みである「国民の教育権」論を法実践的視点にたち，再構築することであるといえる。

本章は，そうした視点にたち，1950年代から80年代初めにかけて成立，展開した「国民の教育権」論を再考し，その教育法の法理の理論枠組みを再検討してみる。

第2節　「国民の教育権」論の成立

「国民の教育権」論の総括の価値は，単にその理論の歴史的限界を確認することではない。教育法学の学問（学会）としてのアカウンタビリティにおいて，確かに「課題が変化しているのに，いまだに『初発の精神』にとどまることはドグマ化につながる」(8)危険性をもつことも事実であろう。しかし，その「初発の精神」を意味する教育法思想（民主主義教育法思想）は，権利の葛藤現象が大きい現代においてもいまだに重要な市民法としての法規範的価値をもつ。むしろ，民主主義法としての「憲法・教育基本法体制」が，教育改革関連法の進行により，解体されようとしている今こそ，その精神の確認は必要ともいえる。

また，われわれが単純に一括して「国民の教育権」論と呼ぶその法理論は，単に戦後史の一時期の産物ではなく，準備期・生成期・定着期そして展開期と

も形容できる広い理論史と，その内にさまざまな論者の自己批判あるいは他者批判の展開による自省的な教育法理論探求の深いプロセスをもつ。教育改革の進行による新しい教育法現象の出現に対して，それを相対的に分析する新しい考察枠組みとしての教育法理論の形成が必要なことは当然としても，「国民の教育権」論を単に歴史的制約のある「古い」教育法理論として捨象することは無産的であろう。むしろ，現在そして将来の新しい教育法現象とそれに伴う国民の教育人権の侵害に対抗する新しい「国民の教育権」論の構築には，古い「国民の教育権」から継承される法理論の歴史的確認が必要といえる。ここでの総括の価値はそこにある。

「国民の教育権」の理論史をみてみる。なお，ここでの理論史の時期区分は，教育政策や教育裁判等の国家及び社会的・時代的背景といった外的影響や学問の内なる争論において，「国民の教育権」の理論が変化したと報告者が主観的に判断する区分による。それは，大きくは教育政策のUターン化とそれにかかわる教育紛争の法制闘争化を背景とし，教育裁判の展開を中心に理論構築を展開した成立期（1950年代後半から70年代後半）と，その後「国民の教育権」論が自己批判や他者批判により変容する展開期（1980年代以降）に分かれる。

まず，「国民の教育権」論の成立期をレビューする。森田明の分類[9]によれば，「国民の教育権」の（成立期の）理論形成は，大きく3つの時期に分かれるとされる。第1は1958年から60年前半にかけての創世期，第2は教科書検定訴訟を契機に憲法上の視点がはっきり導入された1960年代後半から70年の杉本判決に至る時期（生成期），そして，第3は先の2つの時期の争点が合流し，最高裁学テ判決によって一応の決裁がなされた1976年までの時期（定着期）である。この区分は，教育裁判との相関において「国民の教育権」論が準備，生成そして定着する過程としての「成立期」に該当するといえる。以下，その時期区分論にしたがい，考察してみる。

1 創世期における「国民の教育権」論

創世期において，「国民の教育権」論の「口火を切った」のが宗像誠也であ

った。宗像は，新憲法の下では教育権は国家から解放され，親及び教師に移ったと『教育と教育政策』（岩波新書，1961年）で論じた。そこでは，特に教師の教育権が主張された。その内容は，教師の教育権が，自然権としての教育権を有する「親の付託を受けて」成立し，さらに「子どもの学習権の照り返し」として構成され，「真理の代理者」として「真理を教える義務を負い，権利を有する」というものであった。さらに，宗像は，教師の教育権を基軸に教育内容への公権力の排除を「内的事項・外的事項区分論」として主張した。以上は，教育の法理は権力の統制を受けるべきではないという意味で，（国家権力から）自由であるという戦後自由主義論により構成するものであった。この教育権論は，教育権の独立説であり，「(教員の) 教育の自由説」（兼子仁）と呼ばれた。

その後，有倉遼吉がこの宗像の自由主義的教育権論のカテゴリーを継承し，教師の教育権を唱え，さらに旧教育基本法第10条1項は教育内容についての教育の自由を保障するものであると解し，文部大臣が教育内容にわたる国家基準を法的拘束力あるものとして設定することは教師の教育の自由を侵害する危険があると『教育と法律』（有倉遼吉編，初版，新評論，1961年）で批判した。そこには，法学者の視点から，内的事項不介入論を，戦後教育改革の理念を憲法・教育基本法体制の法解釈論として再確認するという視点から構成するという考察枠組みがみられた。また，兼子も，同様に法学的観点から「教員の教育権限の独立説」を唱え，特に憲法第26条の「教育を受ける権利」を重視し，展開した。そして，兼子はこれとは別に教育法制全般の法解釈論を構築した。兼子は，教育法制の歴史的形態論をベースに「現代公教育法は，19世紀的私教育法を土台としそれを修正したものにすぎない」というシェーマを抽出し，『教育法』（有斐閣，1963年）において，日本の教育法の構造と理論の全体把握を行った。また，同時期に，堀尾輝久は教育学（教育思想史）の観点から，教師の教育権の理論構築の「基礎研究」を行った。それは，教師の教育の自由の法理を「教育の本質論」（子どもの学習の本質論）から導出し，さらに新憲法下の近代的「親権」概念を子どもの学習権の観点から重視し，「親義務の共同化としての公教育」あるいは「私事の組織化としての公教育」という公教育制度の理

念型を『現代教育の思想と構造』(岩波書店, 1971年)によりテーゼしたことだった。以上, この時期の4人の「国民の教育権論」は60年代から70年代にかけて展開される教育権論の基線をなすものと評価されている。しかし, 一方,「国家の教育権論」のサイドにおいても, この時期いくつかの「国家の教育権論」の基線がみられた。

具体的には, 教育基本法の制定に大きな影響を与えた田中耕太郎は,『教育基本法の理論』(有斐閣, 1961年)において,「義務教育に関する憲法第26条2項の反面からして, 国家に教育に関する権利が認められることになる」という解釈論を示した。また, 相良惟一も同条同項の解釈において,「国家自ら両親に代わって教育権を行うというような国家の補充的ないしは後見的役割が明示されている」(「両親の教育権の実定法的考察」『京都大学教育学部紀要』8号, 1962年)と論じた。また, 今村武俊は, 文部当局者として旧学校教育法(特に第20条, 38条, 43条)を根拠として, 文部大臣に教育内容に関する権限が規定されていることを理由に, その行使が旧教育基本法第10条の違反とはならない(今村武俊『教育行政の基礎知識と法律問題』初版, 第一法規出版, 1964年)という「行政解釈」論を示している。

さて, この時期における「国民の教育権」論の特徴は, 大きくは当時の歴史的・時代的状況に規定されていることから生じている。当時, 日米安保体制化における国家イデオロギーの普遍化は, 当然に「イデオロギー支配のうちで中心をなす文教政策」[10]に波及し, 国家は「教育法制の政治的・行政法的変容」[11]という戦略をとった。それは, 具体的には, 地方自治制や警察法制の再編とセットになった教育二法の成立(1954年)や地教行法の成立であり, 国家は, 戦後教育理念の法規範である「憲法・教育基本法制」への攻撃を行った。このとき, 教育における逆コース化といわれる教育政策に対して, カウンター的な社会運動を展開する日教組は, 1961年の「学力テスト」(以下「学テ」)や「勤務評定」の実施に対して, それを阻止する直接的な政治行動を行った。それは, 当時の教育紛争が「権力の教育政策・行政と国民の教育運動との対立・抗争」[12]を指す政治的紛争であり, 必然的に教育裁判の形をとることを意味

した。このとき，「憲法・教育基本法制」維持のための理論構築と，刑事事件において訴追された組合教師を守る抗弁が求められ，教育法制の研究は，「法廷を中心舞台とする公開シンポジウム」[13]の様相をもち始めた。そして，当時の「国民の教育権」論は，訴追された教師を弁護するため，「国家権力を被告席に立たせ，その反憲法的，反民主主義的教育政策を国民の側から告発」[14]し，「紛争状態を『権力的に解決する過程』としての教育裁判」[15]との相互作用を通じて，自らの存在価値を示したといえる。したがって，この時期の「国民の教育権」論は，教師の教育権を教育基本法の観点から抗弁する傾向をもち，「国民の教育権」の法理を憲法的観点から総合的・体系的に理論構築する段階にはなかったという欠点をもった。

2 生成期における「国民の教育権」論

しかし，その後「国民の教育権」論は，1960年代後半から70年の杉本裁判前後にかけて，憲法的観点からの理論構築への転換を求めていった。家永三郎は，1965年の教科書裁判第一次訴訟（国家賠償請求訴訟）と67年の同第二次訴訟（検定不合格処分取消訴訟）を提起した。この教育裁判を契機に，「国民の教育権」論は教育基本法レベルの教師の教育権論から，憲法レベルの国民の教育権論へ変化し，本格的な「国民の教育権」論が成立へ向かった。

このとき，憲法レベルの国民の教育権論の立論は，大きくは憲法第23条解釈論と憲法第26条解釈論の2つを柱とした。まず，憲法第23条解釈論に関しては，憲法学者の高柳信一（「憲法的自由と教科書検定」判例時報41巻10号臨時増刊，1969年）が「憲法的自由」としての「国民の教育の自由」を主張した。それは，従来同条を教師の教育の自由の観点からせまく解していたレベルを脱し，国民の教育の自由の法理を，「国民の憲法的自由の重要な一環と考えなければならない」と主張した。また，兼子も同条の解釈論として，それが「子どもの学問学習の自由と一体をなす国民の教育の自由をも保障していると言っていいのではなかろうか」（『国民の教育権』岩波新書，1971年）と主張した。この場合，高柳のテーゼは，これまで，憲法第23条の解釈（学問の自由）が，大学等の高等

教育機関の教授の自由に限定する「ドイツ的な残像」下の解釈を通説としてきたことへの生産的な批判であるという点と，「憲法学がこれまで『教育の自由』をあまりにも論じなさすぎた」[16]という国民の教育権論サイドからの批判に答えたという点で，「国民の教育権」論の成立に重要な契機を与えた。なお，学問の自由に教育の自由が含まれるという立論は，宗像が早くから主張し，有倉が支持していた。

　憲法第 26 条の解釈論は，早い時期から永井憲一（『憲法と教育基本権』勁草書房，1970 年）が展開していた。永井の解釈論の特徴は，教育権を主権のカテゴリーで捉え，「『教育を受ける権利』は，当然にわが国の（平和的で民主的な国の）将来の主権者たる国民を育成するという方向の，そうした内容の教育，つまり主権者教育を受けうる権利」であるとして「主権者教育権説」を唱え，さらに「教育権についても，それが国家権力の政策ないし行政に対する積極的な教育内容までわたる要求権をも含む」[17]として，「教育内容要求権説」を唱えた点にあった。ここでは，特に「従来の『通説』であったその（26 条の）プログラム性は克服されるべきことが，26 条の解釈として主に論じられた」[18]と評価されている。この「主権者教育権説」は近年新しい「国民の教育権」論形成において，その有効性が再評価されている。なお，堀尾は，すでに第 26 条の教育を受ける権利を子どもの基本的人権としての学習の権利の実定法的表現であると主張していた。そこで言われる自由権的基本権としての学習と教育の自由が，同時に子どもの成長と発達の権利の中では生存権的基本権の主要な構成部分に転化するという教育権の統合論は，当時において憲法に即し説得的な教育権論であり，画期的な問題提起であったと評価されている。

　1970 年，東京地裁において教科書裁判第二次訴訟の杉本判決が出された。この杉本判決は，「学習権としての教育を受ける権利」と「国民の教育の自由」というこれまでの「国民の教育権」論の論点と論旨を全面的に取り入れ，「50 年代後半から蓄積されてきた『国民の教育権論』の一里塚を築くことになった」[19]と評価された。杉本判決は，教師の教育の自由を学問の自由（第 23 条解釈）から引き出し，国民の教育の自由を教育を受ける権利（第 26 条）から引

き出し、「国民の教育権」論に対して、司法判断によるオフィシャルな承認を与えたという意味で、「国民の教育権」論の成立を公認する意味をもった。そして、翌年（1971年）、日本教育法学会が設立され、組織的にも「国民の教育権」論が成立する基盤が整った。

3　定着期における「国民の教育権」論

　1970年代以降の「国民の教育権」論は、「杉本判決を足場にしつつ最高裁学テ、教科書検定訴訟控訴審に共通する論点の整理と精密化がなされる一方、『教育法学』の独立宣言とともに、教育法全般にわたって細かな議論が行われた時期」[20]とされる。

　その中心は、やはり杉本判決以降出された教育裁判や行政解釈における新たな「国家の教育権」論への対抗理論の構築であった。その新たな「国家の教育権」論とは、公教育における国家の役割と国民の教育保障に対する国家の権限・責任を強調し、そこから教育内容や方法に対して、国家が法律にもとづく権限を行使できるというものであった。それは、従来の「国家の教育権」論が、特に行政解釈を中心に現行実定法規の限定解釈論であったものとは異なり、議会制民主主義論の基礎の上に公教育の運営の法的責任を「（国家の）教育権」として構成するという主張である。このような考え方は、すでに、1969年に岩手教組学テ仙台高裁（1969年2月19日判決、『判例時報』548号39頁）で採用され、注目されていた。しかし、文部省は杉本判決直後に文部省初中局長通知（「教科書検定訴訟の第一審判決について」1970年8月7日）でその論旨を補強するとともに、教科書裁判第二次訴訟控訴審の文部大臣側の準備書面づくりでその理論を展開し、最終的には高津判決（東京地裁1974年7月16日判決、『判例時報』751号50頁）や最高裁学テ判決（1976年5月21日、『最高裁判所刑事判例集』30巻5号）が新たな「国家の教育権」論を採用するところとなった。

　こうした新しい「国家の教育権」論に対抗する「国民の教育権」論は、いくつかの局面で多角的に展開された。例えば、杉原泰雄（「公教育と現代の議会制」『法律時報』44巻8号）は、現代議会制のもつ多数党意思の表明としての性格を

強調し,「『内的事項』は議会制の意思決定になじまない」として,議会制民主主義論に立つ「国家の教育権」論を批判した。また,「内的事項・外的事項区分論」[21]も,そうした議会制民主主義論に対抗して,よりきめ細かな理論構成が試みられたとされる。しかし,この時期,「国民の教育権」論の定着において重要なことは,憲法学からの積極的なアプローチがあったという点である。

　もともと,憲法学においては,「教育の自由」等に関する関心は薄かった。1960年代初頭以前の憲法学においては,憲法における教育の問題の考察は「『公共の福祉』の理論みたいなもので空回りしていた」[22]といわれる。しかし,1965年,67年の「家永教科書裁判訴訟」が提起されて後,全国憲法研究会が1966年に教科書検定問題を総会テーマに取り上げ,さらに日本公法学会が1969年に「憲法と教育」をテーマとして取り上げ,憲法論として活性化した。このことは,「国民の教育権」論の側において期待をもって,受け入れられたといえる。1960年代の前半すなわち「学テ裁判」高裁段階までは,「あえて,憲法論抜きの教育裁判が展開され」[23],どちらかといえば教育基本法第10条をめぐる「教師の教育権」論が中心の議論であった。そのため,「国民の教育権」論の側においても,憲法論による教育権論の理論構築は大きな課題であったとされる。それは,「教育を受ける権利」と「教育の自由」の関連を日本国憲法における教育人権の全体構造の解明により探るという課題であったといえる。その課題は,しかし,憲法自体が直接に「教育の自由」を明記していないこともあり,「教育の自由」を憲法原理的な解釈論として裏付けることを必要とし,後に「国民の教育権」論は憲法解釈論の方向に展開していった。

第3節　「国民の教育権」論の転換

　「杉本判決」により一定の学説として定着したと思われる「国民の教育権」論も,しかし,その法理論の構造上大きなアポリア（難問）を抱えていた。それは,教育権を二分的に構成する自由権教育権論と社会権教育権論の統合の理論の欠落であった。これまで,「国民の教育権」論は,目前の教育裁判の法廷

闘争のため，その両者をその都度使い分けてきたといえる。例えば，国家の「教育する権利」を論拠とした教育への介入を阻止するため，「親の教育権」や「教師の教育権」を「教育の自由論」の範疇でさまざまに主張した（民法第820条論，憲法的自由論，教員の教育権限の独立説，憲法第23条＝教育条理論等）。また，「教育を受ける権利」の法的権利性を主張するために，それが単なる受動的な経済的措置要求権ではなく，「教育への権利」・「教育要求権」を意味する能動的で主体的な人権として捉え返した（公民権論，生存権論，文化権論等）。しかし，そうした教育権の二分法的な使用に対して，教育権の法的権利性が不十分であると批判され，「国民の教育権」論は，大きく両者を統合する法理論として「学習権」論へと「あるべき『教育権』論争」[24]へ展開していった。この「学習権」論の特徴は，「国民の教育権」論との対抗において，それが「『学び』の側からの主観的公権」[25]であり，「教育主体の権利に対して学習主体の自発性を含んだ権利」[26]と主張する点にある。また，「発達の可能態」（杉本判決）としての子どもの成長・発達の過程そのものに権利性の内実をみるという点がある。したがって，学習権論への展開は「必然的に狭義の教育権を予想しその質を問いただす視点であるとともに，広義の教育権の構造化にとっての決定的に重要な契機」[27]であり，「『教育の自由』についての古典的な観念を『教育への権利』と結びつけ，憲法23条と26条を統一的に把握する視点」[28]として重要視された。

　しかし，杉本判決や最高裁学テ判決以降，特に1980年代からの「国民の教育権」論の展開の理論史の特徴は，そこに大きく「争論」による自己批判や他者批判の展開があり，「国民の教育権」論の自省的変化がみられるという点がある。堀尾は，この時期について，「80年代中期から，国民の教育権論に同調的であった研究者の中からも，それは70年代にはすでに有効性を失ったとする批判的見解が生じた」[29]時期と回顧している。しかし，この時期の意味は，先に述べた学習権論への展開が，一部そうした批判への応答として成立したという事情があり，より生産的な争論の時代ともいえよう。したがって，ここでは，以下その「争論」に中心をおき，「国民の教育権」論の批判史として1980

年代からの展開期を考察してみる。このとき，その批判は，大きく「教育権」の法解釈学的次元の法理論上の批判と「教育権」を対象とする考察枠組みとしての研究方法論上の批判に分かれると考える。以下，それぞれについてパラレルにみてみる。

1 法解釈学論争にみる「国民の教育権」論

「国民の教育権」論への批判は，主に憲法学からの批判として展開された。まず，星野安三郎が主権・人権区別論にたつ「国民の教育権」論批判を行った。そこでは，「教育する自由や教育を受ける権利は人権の問題であるが，『教育権』は主権の問題であって，人権の問題ではない」[30]（「人権と教育権」永井憲一編『教育権』三省堂，1977年）として，これまでの「国民の教育権」論のもつ「教育権」認識のあいまいさを突いた。そのあいまいさは，「教育権」の定義論のレベルの拡散さにとどまらず，これまで「国民の教育権」論が，「国家の教育権」という「主権」に対して，「人権」としての「国民の教育権」を対峙的に主張したことの矛盾を指摘するものであった。星野は，「教育権」が「学校教育を中心とする公教育の組織・編成・運用権の次元にあり，それは主権の内容をなし，権利と言うよりは権限ないし権能を意味する」[31]と言い，「国民の教育権」として説明される「教育を受ける権利や教師の労働権，教育の自由を内容とする教師の権利は，個人に属する人権的権利であり，教育権の内容に含まれない」[32]と主張した。

つぎに，奥平康弘が同様に「国民の教育権」論のあいまいさを突いた。奥平は，「国民の教育権」の意味するものが，「親・教師・教師集団・学校設置者その他の教育関係者という各主体のもつ種々の異なった権利や権限をひとまとめにした混合体にすぎない」[33]と指摘し，それは「憲法学的見地から有用でも必要でもない」[34]と断じた。この主張の背景には，「教育権」が憲法上の明文化された権利ではないこと。そのため，教育にかかわる自由や権利は，できるかぎり思想の自由とか信教の自由などの伝統的な市民的自由に読み替えるべきであるという固有な憲法論的認識がある。確かに，国家の教育権対国民の教

育権の対立論争の中で,「国民の教育権」論者は多くの場合,両者の「教育権」の権利の性格や性質の違いを考慮せず,両者を同一の次元で解釈してきた傾向があった。それは,先に述べた「国民の教育権」論がもともと自由権的基本権と社会権的基本権のパラレルな構成原理をもつという点から生じていたと理解される。この点,「『国民の』『教育権』という概念は,運動・実践の理念としての機能を別にすれば,認識上あるいは解釈上の法概念としては必ずしも十分ではない」[35]といえ,兼子は「運動の中における『国民の教育権』は,原理に迫るところがあるとともに広汎さと多様性を残している」[36]と自己反省している。

その後,兼子は「教育内容を決定する機能を本質的に,国民の『教育人権』と国家の『教育権力』とに峻別し(たうえで)……『教育権』の語は『教育人権』の意味で用いることが正当である」[37]と修正している。また,永井はその「教育人権」を「人格権としての教育権,生存権としての教育要求権,公民権・文化権としての主権者教育権」として理論構成し,教育法を「教育基本権(教育人権)を保障するための法の総体とその体系」[38]と修正する。実際,1980年代後半から,「国民の教育権」という用語に代わって,「教育人権」という用語の使用が多発したが,それは,「『教育権』を法律論のレベルの権利論としてではなく,憲法論のレベルのそれへ(権利論から人権論へ)と高度化・純化させる」[39]「国民の教育権」論側の自省的転換であったといえる。

しかし,奥平の批判の特徴は,そうした認識論上のあいまいさの指摘にとどまらず,さらに「国民の教育権」論の学問的性格あるいは姿勢を厳しく問うた点にある。奥平は,「国民の教育権」論に対して,それが「どこまでが憲法(解釈)論であって,どこまでが憲法の理念をふまえた政策提言であり,どこまでが教育(関係)実定法の解釈論であるのか,その境界線がはっきりしない」と主張した。この主張は,単に「国民の教育権」論の誤謬性を指摘するのみではなく,その「国民の教育権」論を思想理念とする「教育法学」という学問の学的性格や姿勢を厳しく問うものであり,「国民の教育権」論の側には,「奥平康弘氏の投げた小爆弾」[40]とも形容できるインパクトがあったといえる。

つぎに，今橋盛勝が，「二つの教育法関係論」を主張した。今橋は，「教育法関係」を〈国・文部省－都道府県教委－市町村教委〉と〈学校・教師－子ども・生徒・父母・住民〉で構成される「第一の教育法関係」と，〈国・文部省－教委－学校・教師〉と〈子ども・生徒・父母・住民〉で構成される「第二の教育法関係」に分けた。その上で，学校・教師が子どもや親の権利を侵害するという学校教育病理の現状を重くみて，「第二の教育法関係」における権利の対立や葛藤を考察することを説いた。それは，これまで「『親の教育権』も『教師の教育権』も平和的に共存してあやしまない」(41)という「親権の白紙委任に近い信託説」(42)であった「教師の教育権」説への批判であった。今橋は，「学校教育の具体的活動との関係で，『父母の教育権』が何らの法的意味をもたないとすれば，それは『教師の教育権』を導き出し，正当化するための単なることば，名目にすぎない」(43)とこれまでの「教育法学の主張の中には，楽観主義的な色彩が含まれている」点を突いた。馬場健一は，この今橋の批判的立論を，「統制モデル（「国家の教育権」論）が提起した教師・学校による教育の自律性の侵害契機を承認しつつ，自治モデル（「国民の教育権説」）を継承し，その修正を主張する」(44)という意味で，「新・国民の教育権論」と評価している。

さて，以上にわたるさまざまな「国民の教育権」論批判は，「国民の教育権」論側にどのように受けとめられたのであろうか。

1980年，当時日本教育法学会の会長であった堀尾は，その総会講演において「国民主権と国民の教育権」と題して，10年間の学会を総括して以下のように述べている(45)。

> 「この10年，国民の教育権対国家の教育権という仕方で，一つのパースペクテイブがつくられたと思うんですが，しかし，その問題の立て方は正確な問題の立て方であろうか。……そもそも，現在の憲法・教育基本法体制のもとで，国家の教育権なるものが存在し得るのか。実際，文部省にしても，あるいは最近の判決にしても，国の教育権ということばはほとんど使っていない。むしろ，問題は国民の教育権の構造のちがいという，そういう仕方で問題が進展している。論争的論理の展開の中だけでは，批判さ

れるべき論を国の教育権だといってすましてしまう安易さを生むことにもなり，国民の教育権論そのものを掘り下げていけないことになる。学テ最高裁判決を国家の教育権論の基準でみるのではなく，むしろ，国民の教育権論の構造の違いの問題として論点の違いを発展させていった方がよい。

　こうした問題の前提となっているのは，主権の問題と人権の問題をどのように連関づけて構造的にとらえるか。国民の学習権をどう位置づけるか。（このままでは）判例に定着した学習権なるものがいわば空洞化してしまう。学習権と言ったからといって，そのことにより何の決着もつかない。」

ここでの主張は，明らかに成立期における「国民の教育権」論の自己批判的総括を意味する。その総括は，部分においてドグマ化した「国民の教育権」論の停滞を批判しつつ，一方で「主権の問題と人権の問題をどのように関連づけて，構造的に捉えるか」という，新しい「国民の教育権」論としての教育人権論（学習権論）の構築の課題を示す内容と理解される。その意味では，先にあげたいくつかの「国民の教育権」論の「争論」は，一定の価値をもったと部分評価されよう。

2　法社会学論争にみる「国民の教育権」論

　方法論的観点からみれば，「国民の教育権」論は，「教育権」の法理論を考察するための法解釈学の範疇に属する。しかし，一方，法学的方法の次元では別に法社会学の方法論があり，「教育権」の分析において，法社会学的方法論の導入が求められていた。

　例えば，兼子は早くから「法論理としての教育法」に対して，「法現象としての教育法」の究明の必要性を指摘していた[46]。また，「教育裁判」に対して，「実践的運動論にとって教育裁判は現実的意義があるが，教育法社会学的にみれば，教育法生成の現実態を科学的に研究」[47]する意義があると述べ，法社会学的方法論の価値を指摘していた。この場合，「教育権」研究における法社会学的方法論の導入は，教育についての実定法規とその作用する現実態との間に生じる教育法現象の中に，「教育権」の動態をみるという意味で，大きく「教

育権」研究の重要な方法論であったといえる。以下、その理論史をみてみる。

　まず、戦後いち早く法社会学的方法論の導入の必要性を説いたのは宗像であった。宗像は当時「官僚のための教育法規の学」への積極的な批判のため、「教育行政の（法）社会学」の導入の価値を以下のように主張した(48)。

　　「これ（教育行政の社会的・政治的考察の意味）は、現行教育法規ならびに制度をも社会的存在とし、これを客観的な対象としようとするものであり、その意味において、現行法規の正当化解釈の立場とは対象的なものである。……法律学の領域で、実定法の解釈学の立場ではなく、実定法自体をも客観的研究の対象とし、なんらかの意味で法の社会的在り方を、すなわち例えば法と事実との相即とか乖離とかの関係を分析しようとする立場を法社会学と呼ばれているに拠って、私は教育行政の社会学と呼んでおこうと思う。(49)」

　この宗像の主張は、思弁的言説と区別し現象的認識を重視する「教育行政の思惟様式」の次元の表明であり、「存在についての現実科学的な定義」として、「教育政策」を「権力に支持された教育理念」とした見方に通じるといえた。しかし、実際の研究実績においては、宗像自身が「『教育行政法規の解釈学』に対抗する『非政府的立場の教育法規研究』を強いられ、（法社会学的研究が）実際にはそうはいかなかった」(50)と自己批判するように、法社会学的方法論のものではない。

　この点、市川昭午は「時務論、情勢論を本質として、エッセイに堕し、運動論に短絡的に結びつき、政治的考慮が優先しすぎて、せっかくの気運が結実するに至っていない」(51)と厳しく批判している。

　つぎに、熊谷一乗の研究がある。熊谷は、教育法規範の研究において、社会学的分析枠組みとしての構造機能分析の枠組みの導入により、教育法規範が公教育システムの中でどのように位置し、機能しているかを構造的に描いてみせた。熊谷は、「教育法社会学」を「公教育制度の形成、変動の過程に生じる法現象を社会学的方法をもって研究し、そのダイナミックスの法則の認識を目指す経験科学的学問領域である」(52)と定義し、マクロな視点で公教育システム

の中の教育法現象の構造を説明した。それは，教育法の「社会学」的分析であり，教育の「法社会学」的分析とは異なる点があるが，これまで教育法規範の社会的体系の分析が，単にその法形式（法のランクや内容）による分類的説明に終わる傾向にあったことをみれば，教育法の構造的なシステム分析としての価値をもったと評価される。それは，特に近年の教育における国家法の介入という「介入主義法」の構造分析にも有効といえよう。

先の熊谷がマクロな次元の「教育法社会学」であるとすれば，ミクロな次元で実証的に法社会学的方法論を導入した研究者として高野桂一がいる。高野は，成文法以外の法源である（学校）慣習法に着目し，学校内部規程を対象としてその存在形態を実証的に分析した[53]。さらに，この分析の価値を，教育原理性や教職の専門性そして学校自治の観点から，学校における固有な「生ける法」としての特質に求めた点にある。また，高野は『生徒規範の研究』（ぎょうせい，1987年）や『学校経営のための法社会学』（榊達雄・篠原清昭と共著，ぎょうせい，1993年）において，不文法を含めた学校法の法社会学的分析を行っている。この一連の高野の法社会学的方法論の導入の意図は，（学校経営の科学が）まさに法社会学的方法という法科学的発想と方法の裏付けをもってこそ，初めて現実的な実践的迫力を発揮しうる科学としての逞しさを獲得できると主張する点にある。その意味では，あくまで学校経営学へ貢献しうる方法論として法社会学的方法論を位置づける動機が強い。しかし，教育法現象の実証的及び動態的な分析により教育法規範の理論構築を研究実践したという意味では，大きく「教育法社会学」の考察枠組みの1つとして価値をもつといえよう。

つぎに，今橋の方法論の研究がある[54]。今橋の研究の特徴は，「教育法社会学」の事例的研究としてではなく，「教育法社会学」の方法論の研究である点に求められる。今橋は，「教育法社会学」の固有性を，その対象概念としての「教育法現象」と，その分析概念としての「教育法規範・教育法関係・教育法制度・教育法意識」に求める。まず，対象概念としての「教育法現象」は，兼子が「教育に関わっている現実のすべて」[55]という定義を越え，教育法規範の意識や認識の次元（教育法意識やその法意識に含まれる法解釈論）にまで広げる。

その上で，教育現象から教育法現象を抽出する認識過程を対象として，その「抽出」の道具として，「教育法規範・教育法関係・教育法制度・教育法意識」の道具性が検証されるという構造をもつ。

例えば，「教育法関係」は，「教育機関内部の相互関係，教育行政・教育機関と生徒・父母・国民（住民）の関係を，権利・権限と義務・職務に関する法関係として把握する分析概念」[56]として有効であると指摘される。それは，確かに先に今橋が「第二の教育法関係論」により，子どもの学習権の社会的・相対的位置と構造を確定させ，より緻密にその学習権の「侵害契機と保障契機」を探る上で有効と理解される。また，「教育法意識」は，例えば「教育法規範」と「教育法制度」の関係性を実証的・動態的に検証するのに有効であったことと関連している。

しかし，今橋の研究の有効性は，今後インテンシブな「教育法現象」の動態的な事例的研究の蓄積の過程を経て，それぞれにおける考察枠組みの価値の検証を必要とする。「教育権」研究にみれば，「教育権」の法解釈学的分析に対する法社会学的分析の有効性は，「教育権」それ自体をも「教育法現象」とみる相対化とその上での実証化の研究姿勢を必要とするといえる[57]。残念ながら，「国民の教育権」論の側にそうした研究姿勢はいまだみられない。

「国民の教育権」論の総括の意味は，教育改革の進行とそれに伴う新しい教育法現象により，国民の教育人権が侵害される状況において，新しい「国民の教育権」の理論を構築するためと述べた。この場合，新しい「国民の教育権」の理論の構築の方法は，これまでの「国民の教育権」論が成立・展開の過程で構築した法理論（権利論）の有効性を検証してみることにある。例えば，成立期から展開期にわたる自由権的基本権と社会権的基本権の統合のための教育人権（学習権）への転換は，教育法現象の変化にかかわらず，現在においても普遍的な権利思想の原理的価値をもつ。特に，教育の私事化・市場化により「自由」や「自治」の操作的取り込みが巧みに進行している状況では，「教育の自由」と「教育の公共性」の法原理は揺れ，その法的権利の実質を見失わせている。その意味では，「教育権」の法原理の再確認が必要といえる。その場合，

当時の教育法学が「教育権」を主な対象として，教育の本質を理念的に規定することから教育制度を媒介とした教育と法の関係を規範論的に捉えた認識枠組みは，現在においても重要な教育法学の固有性となる。

また，展開期にみられた法社会学的方法論の導入の考察枠組みは，それが「教育権」の動態的な考察のため，いったん「教育法現象」の実証的な分析の枠組みを呈示したという意味で，やはり現在の混迷する「教育法現象」の構造的な分析に有効に働くといえる。むしろ，これからの新しい「国民の教育権」の法理論の構築は，その法原理が法現象の急速な変化により揺れている分，その理論構築の前提作業として，十分な「教育法現象」の動態的な分析を必要とするともいえる。
【篠原　清昭】

注
（1）　内野正幸『教育の権利と自由』有斐閣，1994年，64頁。
（2）　黒崎勲「子ども・父母の人権・権利保障の問題に照らして」『教育制度学研究』第2号，日本教育制度学会，紫峰図書，1995年，140頁。
（3）　藤田英典「岐路に立つ学校－学校像の再検討」『学校像の模索』（岩波講座2・現代の教育）岩波書店，1998年。
（4）　篠原清昭「教育委員会と学校との関係改善－学校管理規則改正による新しい学校管理の法化－」日本教育法学会編『自治・分権と教育法』（講座現代教育法3）三省堂，2001年，141-155頁。
（5）　黒崎前掲論文，142頁。
（6）　内野前掲書，56頁。
（7）　今橋盛勝『教育法と法社会学』三省堂，1983年，367頁。
（8）　黒崎勲『教育行政学』岩波書店，1999年，77頁。
（9）　森田明「教育を受ける権利と教育の自由」『法律時報』臨時増刊号第49巻7号，1977年。
（10）　影山日出弥「憲法学と教科書裁判」『法律時報』8月臨時増刊号増補版，1969年，191頁。
（11）　兼子仁『教育法』（新版）有斐閣，166頁。
（12）　本山政雄・川口彰義・榊達雄・柴田順三『日本の教育裁判』（教育法学叢書5）頸草書房，1974年，250頁。
（13）　兼子仁「戦後教育判例の概観－教育法学の見地から－」『教育判例百選』（別冊ジュリスト41）有斐閣，1973年，2頁。
（14）　名古屋大学教育裁判研究会・榊達雄・川口彰義「教育裁判の展開とその基盤」『法律時

報』6月臨時増刊号，1972年，144頁。
(15) 成嶋隆「フランスにおける公教育法制の成立（１）」『（新潟大学）法政理論』第11巻2号，1978年，43頁。
(16) 奥平康弘・兼子仁「対談　教科書裁判と教育権理論」『法律時報』第51巻9号，有斐閣，1977年，16頁。
(17) 永井憲一『憲法と教育基本権』勁草書房，1970年，251頁。
(18) 森田前掲論文，85頁。
(19) 兼子前掲書，132頁。
(20) 森田前掲論文，85頁。
(21) 杉原康雄「公教育と現代の議会制」『法律時報』第44巻8号，1981年，25頁。
(22) 奥平・兼子前掲論文，18頁。
(23) 同上論文，19頁。
(24) 永井憲一「教育権」『法律時報』第41巻5号，有斐閣，1981年，82頁。
(25) 森田前掲論文，86頁。
(26) 兼子仁『教育権』岩波新書，1981年，115頁。
(27) 堀尾輝久「人権思想の発展的契機としての国民の教育権」『日本教育法学会年報』第3号，日本教育法学会，1974年，28頁。
(28) 同上論文，16頁。
(29) 同上論文，35頁。
(30) 星野安三郎「主権と教育権」永井憲一編『教育権』三省堂，1977年，83頁。
(31) 同上論文，86頁。
(32) 同上論文，87頁。
(33) 奥平康弘「教育を受ける権利」芦部信喜編『憲法Ⅲ人権（２）』有斐閣，1981年，412頁。
(34) 同上論文，415頁。
(35) 同上論文，412頁。
(36) 堀尾輝久「日本の教育　この百年・総括と展望」『学校選択の検証』民主教育研究所年報，創刊号，2000年，13頁。
(37) 兼子仁『日本の自由教育法学』学陽書房，1998年，34頁。
(38) 永井憲一『教育法学の原理と体系』日本評論社，2000年。
(39) 江幡裕「学習権の動向－教育権から教育人権へ－」『教育制度学研究』第7号，日本教育制度学会，2000年，123頁。
(40) 内野前掲書，80頁。
(41) 奥平前掲論文，410頁。
(42) 佐藤全『米国教育課程関係判決例の研究』風間書房，1984年，3頁。
(43) 今橋盛勝『教育法と法社会学』三省堂，1983年，129頁。

(44) 馬場健一「社会の自律領域と法（1）－学校教育と法との関わりを素材として－」『神戸法学』第127巻5号，1997年，65頁．
(45) 堀尾輝久「国民主権と国民の教育権」『日本教育法学会年報』第10号，日本教育法学会，1981年，6-7頁．
(46) 兼子『教育法』（新版）前掲，145頁．
(47) 兼子仁「教育権実現の手だてとしての教育裁判」『日本教育法学会年報』第6号，有斐閣，1977年，122頁．
(48) 宗像誠也『教育行政学序説』有斐閣，1954年．
(49) 同上書，179-180頁．
(50) 宗像誠也『教育行政学序説（増補版）』有斐閣，1969年，2-3頁．
(51) 市川昭午『教育行政の理論と構造』教育開発研究所，1975年，365頁．
(52) 熊谷一乗「教育における法現象と構造機能分析－教育法社会学への試論－」『教育学論集』第2号，創価大学教育学会，1977年，69頁．
(53) 高野桂一『学校経営の科学化を志向する学校内部規程の研究』明治図書，1977年．
(54) 今橋前掲書．
(55) 兼子『教育法』（新版）前掲，5頁．
(56) 今橋前掲書，35頁．
(57) 筆者自身のこれまでの教育法学の研究方法論に関する研究は，以下の拙論で行った．参照されたい．
「現代教育法学批判」『東海女子短期大学紀要』第12号，1986年，101-113頁．
「教育法社会学の基礎理論」『教育行財政研究』第13号，関西教育行政学会，1986年，88-100頁．
「教育経営研究における法の問題－法社会学的観点から－」『日本教育経営学会紀要』第32号，日本教育経営学会，1990年，119-121頁．
「教育法学におけるパラダイム転換の可能性－法社会学的研究方法論の視点から－」『岐阜教育大学紀要』第26号，1993年，183-197頁．

第2章 教育法の法現象

　1980年代以降，教育法の現象とその原理の変化は大きい。このとき，過去の教育法原理を価値づける「国民の教育権」論は，その理論的価値と方法論的価値について，大きくその自省的な検討が求められているといえる。本章では，そうした意味から今後の新しい「国民の教育権」論の構築のために，いったん現在の教育法現象の変化を相対的に構造把握するとともに，その変化における教育法原理の変質に対して，「国民の教育権」論がどのような理論的葛藤をもつかを検証してみる。さらに，新しい教育法現象の出現に対して応答できる新しい教育法の法理論を考えてみる。

第1節　教育法の法現象と「国民の教育権」論の葛藤

1　教育改革と教育法現象

　1980年代以降の教育法規の変化の特質は，「教育改革立法」[1]の出現とそれによる膨大な法改正数にみられる法の量的拡大と公教育システムの変革と再編を志向する法の質的転換にある。特に，1990年代後半から現在までの教育法改正の「量」と「質」の変化は大きく，量的には例えば1998年から2002年の5年間で教育法令改正項目は70を越え，その数は戦後初期の法システムの確立期に近い。その多くは行政改革（「規制緩和推進計画」）や地方分権改革（「地方分権推進計画」）等の国家改革と「『綱引き』と『妥協』」[2]された文部科学省の教育改革プログラム（1997.1）の具現化のための政策立法として出現している。そして，その法の具現化は「教育改革関連法案」として一括審議し，省令改正等の手続きによりトップダウン式に実効化されるという「法の政治化」・

「法の政策化」の手法をもつ。

　こうした近年の教育法現象の変化は，単に法の量的な変動を意味するのみではなく，法の価値の変化を含んでいる点で 1980 年代以降の時期が教育法制史的にみて特異な歴史区分性をもつことを表す。それは，戦後初期から 50 年代中期までの時期が基本的な教育法システムの形成期であり，「権利義務法」[3]の定立期であったこと。1950 年代中期から 70 年代までの時期が教育法システムの整備期であり，「資源配分法」[4] の整備期であったことに対して，1980 年代以降（特に 90 年代後期から現在）の時期の教育法が大きくは教育法システムの再編期であり，「介入主義法」[5] への転換期にあたることを理由とする。

　このとき，1980 年代以降の教育法は，現象的には教育改革の道具としての価値性に比重があるが，その教育改革が大きくは福祉国家体制の解体と再編のため，自由化や市場化を志向する新自由主義的な経済改革と日本化を志向する新保守主義的な政治改革に連動しているため，これまでの「権利義務法」や「資源配分法」とは異なる法としての価値性が国家政策上求められたといえる。

　その法の価値性とは，第 1 に福祉国家的な公教育制度を解体するため，これまでの「権利義務法」を解体する「非・法化」であり，第 2 に新たな公教育制度に再編するため，教育の自由化・市場化により「資源配分法」を再分配する「法化」である。前者の「権利義務法」の「非・法化」は，大きくは戦後初期の時点で民主主義法制及び自由主義法制の原理にもとづき，教育における権利と義務を「国民の教育を受ける権利」と「国家の教育を条件整備する義務」として，公教育制度の理念と価値にもとづき法規範化した「憲法・教育基本法体制」の解体を意味する。それは，特に憲法改正に連動する「教育基本法の改正」等に表れた。後者の「資源配分法」の再分配のための「法化」は，公教育制度の維持のための教育条件整備法がセットした「資源」（財的資源・人的資源そして権限資源）の分配方式の組み替えであり，教育における市場化や自由化のための法化を意味する。

　この法化は，しかし，単にこれまでのような行政国家現象の台頭における「管理法の増大現象」を示すのではなく，「一定の政策目的の確保・推進のための

公権力の道具としての法は社会領域に介入」[6]し，教育における「資源配分」の再分配のために，その制度の運営の方法をダイレクトに指図し，制御している。その意味では，「介入主義法」と形容されよう。それは，特に「地教行法」・「社会教育法」・そして「学校管理規則」等の改正や「小・中学校設置基準」等の立法化に表れた。

2 「国民の教育権」論の葛藤

　しかし，一方そうした1980年代以降の教育法の現象変化に対して，学問としての教育法学は十分な考察枠組みをもち得ていないと批判される[7]。それは，大まかにはこれまでの「自由主義教育法学」に立つ「国民の教育権論」が，「一種のイデオロギー闘争」[8]の過程で成立した「緊急的法理・理論」[9]であり，「歴史的制限（限界）」[10]をもち，「もはや国家の教育権対国民の教育権という対抗図式は，少なくとも実際の教育制度の全体を規定するものとはいえない」[11]というものである。むしろ，近年の教育改革立法にみられる「教育の自由化」への法化は，「規制緩和」による「地方分権」，「学校の主体性・自律性」保障による「学校自治」そして「学校選択」による「教育権」の政策化として，これまでの「国民の教育権論」が目指してきたいくつかの教育法思想を具現化する要素を含み，その分本来の「国民の教育権論」のカウンター（反体制的）法学としての鋭さを失わせている。この点，黒崎勲は「市場に規定される教育制度に対して教育法学的な規制をもつアプローチをすることは，これまで抱えてきた教育法学の葛藤を明るみに出し，ある意味で教育法学の論理を破綻させる」[12]と厳しく言う。この批判は，「社会的実践上の『法規制的アプローチ』と研究方法上の『教育法学的アプローチ』の混同がある」[13]という問題点を部分にもつが，確かに現在の教育法現象の変化に対して，教育法学的アプローチによる法解釈に深い葛藤が存在することを明確に指摘している。

　例えば，小・中学校の設置基準の制定を新しい教育権・学校設置権の出現とみるか，公立学校の民営化を方法とする義務教育制度の市場化とみるかという葛藤がある[14]。また，「『規制緩和』による教育行政の地方分権化」の教育法

現象を，文字通り「教育における『地方分権』『地方自治』」の保障や拡大とみるか，中央集権的な教育官僚体制の「新たな装い」[15]や「延長」[16]による「不当な支配」（市場化への誘導）とみるかの葛藤がある。さらに，学校管理規則の改正による学校の自主性・自律性の拡大を，文字通り「学校自治」の拡大とみるか，職員会議の補助機関化や学校評議員制度の導入そして校長のリーダーシップ強化による学校の統治化とみるかという葛藤がある[17]。

以上にあげたいくつかの葛藤は，「教育改革立法」に代表される新しい教育法がこれまでの教育における「権利義務法」と「資源配分法」の法システムと法的価値そして法理論を変動させたことから生じている。特に，「学校設置権」や「学校選択権」といった新しい教育権の出現は，これまでの自由主義教育法学の範疇では予想しなかったものであり，そこにある種の動揺があると解釈される。この点を詳細に「学校選択権」という新しい教育法現象を事例に検討してみる。

「(公立)学校選択の自由化（就学指定の弾力的運用）」の法現象については，それを「学校選択権」という新しい教育権の出現とみるか，就学の機会を保障する伝統的な教育権の解体とみるかという法解釈論上の対立がある[18]。このとき，「学校選択権」を主張する論は大きくは「学校選択の自由化」を進める教育改革政策の過程で法改正に伴う「行政解釈」（審議会答申，通達）として展開された。その特徴は，第1にこれまでの義務教育制度を保障する法システム（就学指定制度）の制度原理である「平等」（均等）を「機械的，硬直的」[19]で，「学校教育の画一性，硬直性，閉鎖性と子どもの自主的精神・個性の伸長を妨げている一因」[20]として否定すること。第2に，新たな義務教育の制度原理である「自由」（選択）を「多様な選択を行い，それぞれの自己実現欲求を満たしていく」[21]これからの社会原理として肯定し，積極的に新しい教育権として肯定することにある。

一方，「学校選択の自由化」に反対する論は，「選択の自由」が「新しい衣装をまとった社会選別論」[22]であり，「自己責任を押しつけるイデオロギー」[23]であると批判するとともに，「学校選択の自由化」が学校教育を商品化し，保

護者や子どもを消費者化する「教育の私事化」の弊害を指摘する。例えば，堀尾輝久[24]は自らが公教育の制度原理として理論テーゼした「私事の組織化論」との比較で「教育の私事化論」を公教育論の観点から批判する。また，藤田英典[25]は「学校選択の自由」がはらむ社会的問題を「強制された選択」「選別・差別・排除の制度化」のもつ社会的・現象的事実の観点から批判する。それは，「人権としての教育権」論の観点からの「市場化」批判であるといえる。

しかし，黒崎が批判するように，「人権としての教育の価値理念によって教育の民営化に対抗することは，理想の希求としては理解できても，論理的には混乱以外の何ものでもない」[26]という葛藤をもつ。この葛藤は，「教育の市場化」というときの「市場」に対する認識の誤謬から生じているとも考えられる。「学校選択の自由化」批判にみられる反・市場化論は，市場原理の否定の上に教育を受ける権利の保障を措定する。しかし，否定される「市場（化）」は一方で教育政策における官僚支配や学校経営における教育専門職集団の寡占的支配を解体するという部分をもつ。また，「市場」の原理的理解からすれば，「市場」自体は「交渉」を介して個人の権利の平等性を前提とし，さらに一定の自生的秩序を創造する可能性をもつ。「学校選択の自由化」批判にみられる反・市場化論には，「市場」を高度に組織化された（独占的）資本主義体制と直接に仮定するあまり，そうした「市場化」の有効性と「市場」の原理的価値性を見落とすという形で，新しい形而上学的なドグマに固執している。この「固執」が続く限り，例えば，「人権論的・民衆的公教育論」（堀尾）は「自由化論のいうところの民営化にカテゴライズされる」[27]ことになろう。

以上のような新しい教育法現象の出現に対して，教育法学を牽引した「国民の教育権」論は有効性をもつのか。「国民の教育権」論者はどのように考えているのであろうか。1つの事例がある。

2000年5月，早稲田大学を会場として日本教育法学会第30回定期総会が開催されたが，その初日の研究総会・シンポジウム「教育法制の再編と教育法学の将来」において異例のできごとがあった。それは，「国民の教育権」論を教義とする研究者及び教育運動家が集う同学会で初めて「国民の教育権」論を批

判する研究報告がなされたことである。その報告とは，戸波江二（早稲田大学教授）の「国民の教育権論の現況と展望」(28) を指す。同シンポジウムでは予想通りこの戸波報告に「『驚き』や『違和感』を感じたとする発言が相次いで出され」(29)，「国民の教育権」論者による総反撃が行われた。このできごとに，国民の教育権論批判に対する国民の教育権論サイドの応答が集約されていると考える。以下，そのときの状況を再現してみる。

まず，戸波が4人のシンポジストの1人として壇上に立ち「国民の教育権論の現況と展望」と題する報告を行った。その報告は以下のようである。

戸波は，まず，近年の教育改革の進行の中で「国民の教育権」論は教育法の基本原理としては認識されず，むしろ停滞していると指摘し，その背景要因として①学テ最高裁判決（最大判昭 51.5.21 刑集 30 巻 5 号 615 頁）で示された国民の教育権論により国の教育内容への介入を否定することが理論上できなくなったこと。② 1980 年代以降に発生した校内暴力・いじめ・体罰・校則等の新しい法的問題は，学校・教師と生徒・親との対立の問題であり，国民の教育権論（教師の教育権論）ではカバーできないこと。③現状では，政府・文部（科学）省との対決を基礎とする論理の妥当性は薄れ，むしろ，現実に生起している問題の解決を志向する実践的な法理論が求められているのに対して，（国民の教育権論の）対応が十分ではなく，「国民の教育権」論が教育法理論として現実の問題を有効に解決する理論として機能していないことを主張した。

さらに，現在の「国民の教育権」論の理論上の問題として，その論が教育法上の有用な法概念として問題性があり，包括的・抽象的であり，具体的な問題解決に適した論理ではないと主張した。その上で，法解釈論上国民の教育権論にある「教育の自由」説に関して，教師の教育の自由が教育法学会の通説であるが，教師は地方公務員であり，その仕事（授業）は公務員としての教師の職務行為であり，それを「人権」と捉えることに無理があると批判した。また，「学習権」の観念は教育を受ける権利を「教育学的」に説き直したにすぎず，教育を受ける権利の権利性や法解釈的意味を深めたものではないと指摘した。さらに，教育政策の次元における法実践の次元では教科書検定制度に関して国

民の教育権論の内部に意見の対立があり，国民の教育権論では，教育内容の決定を誰が行っていくのかという肝心な点で具体的なビジョンに欠け，教師と親との意見の対立をどのように調整するのかが不明であると批判した。また，学校運営における法実践の次元でも，学校内部の生活環境の悪化特に校則や体罰などにおける学校・教師と生徒との対立に関して国民の教育権論は十分に対処することができないと批判した。

　会場では，この報告に対して多くの反論が主張された[30]。まず，「国民の教育権説の停滞と展望」に対して以下のような反論があった。「いじめ，学校崩壊は『国民の教育権説』の欠陥から出てきているものではない。それは，日本の受験競争社会と能力差別主義で行進している教育国家管理のせいとみている」（兼子仁），「国民の教育権論は政府の動勢に対する抵抗の理論として出てきたという言い方は，間違いではないが，理論的に言えば，国民主権と国民の教育権論というのはセットであり，国民主権を前提とする限り，国民の教育権論を否定することはできない」（堀尾），「『国民の教育権説の停滞』というとその理論が停滞しているというふうにとられやすい。学説の理論が真理性を持つのであれば何年たってもそれは真理であり，国民の教育権説は停滞していない」（上田勝美）。

　また，「教師の教育権の人権性」に対して以下のような反論があった。「教師は地方公務員であるより先に教育公務員である。教師が，人間として子どもの自由に奉仕し，子どもの教育権に応えるためには，地方公務員では不可能で，どうしてもその枠を越えなければならない」（坂本秀夫），「私は教師の教育権にはその一部に憲法第23条の学問の自由に含まれるような教育の自由，人権性があるという論を立てている。（戸波氏の主張は）地方公務員の職務行為が人権にあたらず，国公立大学の教員は学問の自由がないと言うのか」（兼子）「教師は，教師の市民的自由プラス教育の専門家として，教育の条理を1つのてこにして，その自由というものが保障されなければならない」（堀尾）。

　さらに，教科書の内容審査が今後必要になってくるのではないかという戸波の報告に関しては，「大変な発言だ。現実的問題としてそのような検定ができ

る民主的な制度ができるかという問題がある」(上田) と反論した。また，政府と協力して今日の教育問題を解決していくべきではないかという戸波の報告に対しては，「政府に協力せよと言われたが，政府と同じ意見を持つ者のみで委員会や審議会を作っている政府に何を協力する余地があるのか。むしろ今の政府の教育政策に対して警鐘を乱打するべきである」(青木宏治) と批判した。

以上の「討論」は，現在の国民の教育権論の「停滞」の状況を如実に証明しているといえる。戸波の国民の教育権論に対する停滞の主張は基本的には目新しいものではない。それは，当日のコメンテーターであった今野健一が述べるように，「1980年代初め以降，憲法学説を中心として提示されてきた懐疑的・批判的な諸見解と，内容的に大きく異なってはいない」[31]ものである。戸波は，ある意味で1980年代以降の星野安三郎の主権・人権区別論や奥平康弘の憲法学的解釈論さらに今橋盛勝の「二つの教育法関係論」[32]から継承される憲法学を中心とする国民の教育権論への批判的な共通言説を改めて解説したにすぎない。その意味では，今野が言うように「戸波報告での『国民の教育権』論批判に対し，もし素朴に『違和感』や『驚き』が表明されるのであれば，そのことにこそ『違和感』を感じざるをえない」[33]というべきであろう。むしろ，当日のシンポジウムの様相は1980年代以降の憲法学を中心とする「国民の教育権」論批判に対して，学会を中心とする「国民の教育権」論者たちは20年近くにわたり何ら学問的応答を果たさずにきたことを証明するものとなったといえる。

第2節　教育法学のパラダイム構築

新しい教育法現象に対する教育法学の葛藤を克服するためには，教育法の新しい考察枠組みを理論構築することが必要と考える。その課題は大きく2つある。1つは，教育法の法規範的価値である教育権(「国民の教育権論」)の枠組みを総括し，その上で新しい教育権を逆利用できる法解釈学的な次元での理論枠組みを発展的に構築することである(法解釈学的課題)。もう1つは新しい教育

法現象（教育における非・法化と法化）を相対的に分析できる実証的考察枠組みをもち，さらに新しい市民社会法としての「教育法」の創造を法実践的な戦略としてもつことである（法社会学的課題）。

1 新しい「国民の教育権」論の法理論——法解釈学的課題

　過去，「国民の教育権論」は自由権的教育権と社会権的教育権の二元性というアポリア（難問）の克服として，教育における主権の問題（第23条解釈）と人権の問題（第26条解釈）の関連づけに努力し，「憲法論のレベルのそれへと高度化・純化させる」[34]形で「教育人権」論を構築した。その「教育人権」論は，現在においても変化する教育法の法理論的価値を評価（法解釈）する枠組みとして有効であり，「時代錯誤」だと単純に切り捨てられるものではない。むしろ，現代の教育における「法化」が「介入主義法」の形で「法の政策化・道具化」により権力的介入を進行させている事実は，過去よりも現在において「国家権力からの自由」を価値づける自由権的教育権からの批判を求める。それは，特に新保守主義的で国家主義的な教育の法化すなわち「教育基本法の改正」に有効であったと考える。

　しかし，一方，「介入主義法」の侵略に対してその「自由権的基本権」の側面において有効性をもつと思われる「国民の教育権論」も，近年の新自由主義的な教育改革の法化（教育の市場化・私事化のための法）の側面に対しては，大きく理論的な課題をもつ。その課題とは，「教育人権」のもう1つの側面である「社会権的基本権」の理論が単純に教育の条件整備のための要求権にとどまり，その問題性の確認と理論的展開の努力を怠ったためと考えられる。例えば，近年「社会権」の研究は，大きくは福祉国家における社会権の「ジレンマ」の自覚と新しい「社会権」の理論構築にある。このとき前者の社会権の「ジレンマ」とは，「社会権」それ自体が例えば「権利の無責任的特性」（他人の利益や国家資源に無関心・無責任）や「権利の非相互的特性」（何のお返しもしないで自己の利益を主張できる）[35]をもち，したがってその社会権の制度化を通じた実質的平等の達成は，結果的に国家の社会資源（特に財政）を枯渇させたというも

のである。さらに，社会権の欲求は，「生活向上を自己目的化し，個人に対するパターナリスティックな保護干渉のなしくずし的拡大に対する思想的歯止めを失わさせた」[36]と解釈される。そこに，生存権的基本権の最大保障という国民の個人主義的要求は，中間社会組織の利益要求に媒介され，政治化され最終的には福祉国家自体を解体させたというジレンマである。重要なことは，このジレンマへの自覚であり，その自覚の上に新しい公共性の形成の方法として「無責任的特性」と「非相互的特性」を極力除去した新しい「社会権」の理論構築が努力されなければならないといえる。

このとき，新しい「社会権」の理論構築のための戦略としては，手続き的権利や参加権の確立が有効と考える。それは，福祉国家の崩壊の中においては，ストレートな個人財の分配の要求権の権利としてではなく，その財の分配的行為への直接的な参加（権）を通して，形式的正義といわれる適正手続きにより財の分配を受ける権利を考える必要があるからである。そのためには，福祉国家の解体とともに進行する市場化の権利思想である「消費者主権」や「納税者主権」も新しい「社会権」の1つの可能性として検討する必要がある。それは，「消費者主権」や「納税者主権」は市場経済社会においては，少なくとも合理的な経済人として行動する基本的な権利をもつからである。それらは，マクロには市場経済の適正なコントロールと資源配分を要求する権利の延長に手続き的権利をもち，ミクロには知る権利・選ぶ権利そして意見を反映させる権利の延長に参加権をもつ。そして，さらに公権力に対しては「アカウンタビリティ」により適正かつ効率的な行政運営の責任を「義務」として課す。教育における市場化のための法化に対抗する新しい「教育権」の法解釈論の可能性もそこから生まれると考える。

さらに，今後の新しい「国民の教育権」の理論構築においては，これまでの「国民の教育権」論の基軸を構成した「自由権的基本権」の側面についても，大きな理論転換が求められるといえる。例えば，現在の憲法学における基本的人権論は，「18，19世紀的自由権から20世紀的社会権へ，その後の21世紀的個人権へ」[37]移りつつあるといわれる。このとき，ここで言う「個人権」は，

決して福祉国家を解体させる功利主義的な個人主義のものではなく，むしろ「功利主義の主たる論敵」(38)となるもので，いわば人間性論から人権を基礎づける「人格的自律権」と呼べるものを指す。

佐藤幸治は，その「人格的自律権」を以下のように説明している。

　「人権とは，人が人格的自律の存在として自己を主張し，そのような存在としてあり続ける上で不可欠な権利であると解される。かかる権利は，道徳理論上各人に生まれながらにそなわる権利であり，その意味においては，普遍的な道徳的権利である。したがって，道徳的権利としての人権は，国家の承認をまってはじめて存在する権利ではない。そうした意味においては，人権は自然権であるということができよう。人権を憲法で保障するとは，人権のこのような性質の確認の上に，国家機関に対してその擁護を法的に義務づけ，その侵害を禁止することを意味する。(39)」

この佐藤の「人格的自律権」の形成理論は，「各人がそれぞれの自己の幸福を追求して賢明に生きる姿に本質的価値を認める道徳理論」(40)によって根拠づけられ，そのため「道徳的権利としての人権」という特徴をもつ。しかし，その立論の根拠には「自由権的基本権」を単に自然法上の法観念から哲学的・倫理的に主張した次元と異なり，人権や自由の基盤に「ありのままの人間の生存のあり方を経験論的に直視」(41)している。さらに，これまでの人権論が多く「『制度』との関係を無視して論じてはならない」(42)として，実定法の人権を国家権力からの逃避において認識していた次元と異なり，直接に「思想としての人権」（「自然法上の人権」）を再構築する姿勢をもつ。

このような，新しい自由権の思想は近年の国家改革への反撃が単に「権力からの逃避」という消極的な自由権の継承のみではなく，より積極的な自由権の再構築により可能であることを示唆している。むしろ，「自由権」が運動論的な形而上学的なドグマに埋もれ，「社会権」が個人的幸福追求の功利主義や個人主義に流れ，別々に拡散化している状況の中では，「人格的自律権」という新しい人権思想は，自由権と社会権の二元性というアポリアを克服する新しい可能性をもつともいえよう。

このとき，自由権的教育権と社会権的教育権の二元性の克服のために理論構築された「教育人権」論も，「人格的自律権」の思想的枠組みから再検討すべき可能性があるといえる。それは，自己実現による個と主体の形成である学習に深く関わる「国民の教育権」論が，より積極的に「思想としての教育人権」（「自然法上の教育人権」）を再構築する法学的課題をもつことを意味している。

2 教育における法化と新しい教育法の創造——法社会学的課題

教育法における考察枠組みの展開の可能性は，新しい教育権の理論構築といった法解釈論上の課題のみでは達成できない。それは，進行する教育改革による法化が拙速であり，法解釈論に同時進行的な理論構築を要求するという難題があることと，先行する法実践の展開がその法実践の経験的蓄積の過程から新しい法解釈を生むという事情があるということを理由としている。そのため，教育法の新しい考察枠組みの課題は，変化する教育法現象を相対的・構造的に考察し，その上で新しい市民法としての教育法を創造する法実践の方法論を考える法社会学的な考察枠組みを必要とする。

このとき，教育法現象の法社会学的枠組みとしては，福祉国家後期以降の国家改革法による法の政策化を批判的・構造的に捉え，さらにそれに対抗する新しい法の形成の理論を模索する「法化論」（Verrechtlichung；Juridification）が有効と考える。この「法化」論は，主に西ドイツを中心に展開されている新しい法の考察枠組み論を指す。その理論的特徴は，第1に現代国家（後期福祉国家）の法すなわち「介入主義法」[43]が社会領域に介入することによって生じる形式法の実質化現象の問題を構造的に説明していること（実証的考察枠組みの次元）。第2に，単に現代法の問題点を説明するのみではなく，それに対抗する市民法から発展する新しい法（「自省的法」（Reflexive Law）[44]の創造を予定していること（理論的枠組みの次元）があげられる。

例えば，前者の実証的考察枠組みの次元では，ハーバーマスは近年の法現象にみられる「法化」を，国家が「メディア（貨幣と権力）を生活世界につなぎ止めておこうとするプロセス」[45]であり，自律化された生活領域（教育を含む）

に対する国家権力による新たな介入すなわち「生活世界の植民地化」(46) とみる。そして、トイプナーは「法化」を古典的・法治国家的な「形式的法」を国家が社会制御的な介入により、「実質的法」（介入主義的法）に転化する現象とみる。いずれも、近年の教育法を含む新しい国家法の特質を、国家が固有な社会・生活システム領域に介入し、その領域の内的規範を統治化するという「介入主義法」にみるという点で、ポスト福祉国家の法の問題性を鋭く批判する。この点、例えば、近年の新しい教育法の現象を国家の法による教育の自律世界への介入とみる実証的考察の枠組みに示唆を与える。

　一方、「法化」概念はそうした新しい教育法現象を相対的にみる考察枠組みの構築に有効であると同時に、その先に新しい教育法の理論的枠組みの形成にも有効な考え方を示している。例えば、トイプナーは「介入主義法」や「実質的法」による葛藤や病理現象を解決する策として、社会結合や自己再生産を傷つけない形での間接的・手続き的権利さらにはそれを可能とする「自省的法」の創造をいう (47)。この「自省的法」は法の社会的価値を機能分化した社会に適応的な法論理に求め、その自律社会における「対話」・「連帯」・「支援」の作用を通じた自己調整によるオートポイエシス（「自己産出」）的な社会規範をいう。

　この「自省的法」の法理論は、例えば、今後の自治体における地方の自治法としての子どもの権利条例の法化や、一部の学校で制定されている「類似学校評議員」と形容される学校自治慣習法としての学校評議会規則の法化のモデル理論として示唆を与える。

　一方、この「自省的法」の特質を内包する新しい教育法の例として、近年アメリカ全土で制定されているチャータースクール法（Charter School Law, 以下「CS法」）があると解釈する。このCS法は、「選択」と「参加」を通じて父母・住民等が公教育を統治する権利を積極的に新しい教育権として承認するものであり、そこに教育自律社会における「対話」と「連帯」を通じた「自己産出」的な教育法規範の創造という「自省的法」としての特質性を部分的にみることができる。例えば、CS法の価値基準としてStrongとFlexibleがあるが、"Strong" は規制力の強さを意味するのではなく、法による自律性や拡張性の

保障の強さを意味する。また，"Flexible" は教育官僚支配からの自由性を意味するとされる[48]。こうしたCS法の制定と運用の過程を対象として，「選択」と「参加」による新しい教育権の創造の思想と方法を分析することは，「自省的法」としての新しい教育法の形成のヒントとなろう。

例えば，馬場健一は，すでにこの「法化論」の枠組みにより教育法の新しい考察枠組みを試論的に考察している[49]。馬場は，「参加モデル」（今橋教育法・「新国民の教育権説」）を承認し，さらにその欠点すなわち「教育が自由，法が強制（規制）の関係から言えば，法をもって教育を規定し，あるいはこれを改革するというのは，形容矛盾に近い困難を伴う」[50] という葛藤を克服するため，教育法における新しい法として「自省的法」の創造を主張する。この主張の背景には，これまでの「国民の教育権」論が法を強制とのみ位置づけ，それが紛争解決や社会の合意を調整するという社会的機能をもつという側面を見落としていることへの批判がある。そこには，現在の法化の進行を不可避的な事実として認め，法強制の実効や非法化の措置を抑制し，その流れを機能分化した社会に適合させようとする新しい法理論としての「自省的法」への期待がある。

「自省的法」は，自治領域を尊重しつつその内面的な問題にも対抗し，調整を加えていくという社会システム規範としての価値をもつ。自治領域社会の内部的な紛争解決手段を保障し，関係当事者の情報格差を減らし，対話のフォーラムの代表方式を工夫し，各人の各種権限を適正に強め，社会的弱者に対しては法的な措置を与え，交渉力のアンバランスを正し，内的な自己調整機能を造り，支援していく法として構想される。

以上の「法化」論は「自省的法」の理論モデルの構築を含めて，それ自体現状では十分な完成度をもたず，また（日本）国内においてはその汎用性がまだ低い。しかし，現代の教育法の考察枠組みが単に近代市民法への原点回帰的な観念規範ではなく，現実の「介入主義法」を利用可能な形で腑分けし，さらに一方で個体化された組織エゴの弊害や内部的な「侵害契機」を除去する「自省的法」の構えをもつことが必要であることは大方自覚されていよう。

その意味では，「国民の教育権論」を発展させ，超克する新しい教育法理論は，

教育法現象から遊離した観念論の範疇ではなく，一方で法創造実践の方法論の範疇で展開される教育生活世界の手法を模索するとともに，そこから自生的に生成される新しい教育法の価値を理論的価値として構成する戦略をとらざるを得ない。今後の教育法の考察枠組みの形成の可能性は，こうした「自省的法」としての教育法の法創造や法実践の過程から生じると考える。　【篠原　清昭】

注
（1）　ここでいう「教育改革立法」とは，法形式論的には「教育改革をめざす教育立法あるいはそれら一連の教育立法の総称」と定義される。しかし，戦後初期の教育改革立法との比較で近年の教育改革立法をみた場合，法実質論的には，「学校制度をはじめとする公教育のシステムの変革・再編をめざす教育立法」と定義されよう。この点，三上昭彦は，教育改革立法の特徴を一般の教育立法との比較で以下のように定義している。①教育理念の何らかの転換ないしは見直しを基底にもつ。②既存の教育法制度の大きな変革を含んでいる。③それが目指す教育改革が一部の教育分野にとどまらず，一定の統合性をもっている。こうした定義づけは，教育法学の新しい考察枠組みの形成のための前提的作業として重要な意味をもつ。しかし，教育法学の新しい考察枠組みの形成のためには，その定義づけから発展し，近年の教育法の現象変化の特質をより構造的に捉える枠組みの定立が必要とされる。本発表はそれを課題とする。（三上昭彦「教育改革立法の総合的検討－『構造改革』と教育改革立法を中心に」『日本教育法学会年報』第31号，有斐閣，2002年）
（2）　久冨善之「日本型学校選択制度はどうはじまっているか」池上洋通・久冨善之・黒沢惟昭共著『学校選択の自由化をどう考えるか』大月書店，2000年，94頁。久冨は，日本の教育改革の特性を，官僚統制への批判が弱く，官僚機構の側が既得権益にしがみついて手放せないというところにあるとして，それを「日本型規制緩和」路線という。確かに，1980年代の臨教審から現在までの教育改革の政策化の変化は，文部官僚が政界・経済界の行政改革と対立・交渉・妥協した結果という部分があり，そこが英米における教育改革の政策構造と大きく異なる点と理解される。日本の教育改革研究においては，その点が一方向的な「反・市場化論」の中で捨象されていると考える。
（3）　この「権利義務法」という見方は，戦後初期の時点で民主主義法制及び自由主義法制の原理にもとづき，国民の自由権と社会権の保障のために憲法体制が確立される初期の福祉国家期の社会法の状況をいう。広瀬清吾「日本社会の法化」『現代の法15　現代法学の思想と方法』（岩波講座）岩波書店，1997年，151頁。
（4）　平井宜雄『法政策学』有斐閣，1995年，132頁。
（5）　「介入主義法」とは，福祉国家の一定の政策実現のための道具として社会領域に介入す

る法律群を指すが，その本来の概念適用の意味では，特に福祉国家後期（ポストモダン国家への転換期）における国家による社会制御の手段としての法が生じさせる機能不全に対する批判的含意をもつ。樫木秀夫「介入主義法の限界とその手続化－『法化』研究序説」『九大法学』第23巻2号，1998年，45頁。
(6) 田中成明『現代法理論』有斐閣，1989年，40頁。
(7) 1970年代までの教育法学，主に「国民の教育権論」の総括については，以下の拙稿で詳述した。篠原清昭「『国民の教育権論』の総括－教育法学のアーカイブス－」『日本教育経営学会紀要』第44号，日本教育経営学会，第一法規，2002年，144-149頁。
(8) 内野正幸『教育の権利と自由』有斐閣，1994年，64頁。
(9) 今橋盛勝『教育法と法社会学』三省堂，1983年，367頁。
(10) 井深雄二「教育の公共性の再構築と私事の組織化論」『教育制度学研究』第7号，日本教育制度学会，紫峰図書，2000年，44頁。
(11) 黒崎勲「子ども，父母の人権・権利保障の問題点に照らして」『教育制度学研究』第2号，日本教育制度学会，紫峰図書，1995年，140頁。
(12) 黒崎同上論文，141頁。
(13) 仲田陽一「教育制度研究と教育法学的アプローチ－『親の教育権と父母参加制度』を手がかりに－」『教育制度学研究』第3号，日本教育制度学会，紫峰図書，1996年，132頁。
(14) 篠原清昭「義務教育の市場化と教育の構造改革」『教育評論』Vol.663，アドバンテージサーバー，15-18頁。
(15) 坪井由実「教育基本法10条と教育委員会制度」『教育学研究』第65巻4号，日本教育学会，1998年，53頁。坪井は，1990年代の「行革」下の中教審の教育分権化政策を，教育の自主性を尊重した分権や自治の推進とは言い難いとして，それが国の関与の縮減廃止の方向に向かうというよりも，文部（科学）省の関与の見直しとして，都道府県教委や校長の権限強化によって，中央集権的な教育官僚体制が新たな装いを行ったものとして分析している。
(16) 青木宏治「『規制緩和』『分権』と教育人権」『ジュリスト』No.1133，有斐閣，1998年，165頁。青木は教育行政における分権化の法的問題の視角は，国家の介入・関与としての中央政府による規制の当否であり，どこまで事務を委譲するかではなく，自治体の自治権と「住民の自己決定権」を含む「自治」への国の関与や介入の当否にあると指摘する。
(17) 篠原清昭「教育委員会と学校の関係改善－学校管理規則改正による新しい学校管理の法化－」日本教育法学会編『自治・分権と教育法』（講座現代教育法3）三省堂，2001年，141-155頁。
(18) 篠原清昭「学校選択制が公教育にもたらす変化」，同「学習権を制約しない学校選択制の運用」小島弘道編『親の学校選択と学校経営』（『学校経営改革の考え方・進め方』第Ⅴ巻）『教職研修』2月増刊号，教育開発研究所，2001年，60-63頁，172-175頁。
(19) 臨時教育審議会答申『教育改革に関する第三次答申』1987年。

(20) 同上。
(21) 『多様な選択ができる社会』経済企画庁国民生活本部，1998年，2頁。
(22) 『「学校選択」の検証』民主教育研究所年報，創刊号，2000年，135頁。
(23) 同上書，136頁。
(24) 堀尾輝久「日本の教育この百年　総括と展望」『民主教育研究所年報』創刊号，民主教育研究所，2000年，4-24頁。堀尾は，「私事の組織化論」との対比で「教育の私事化」の問題を以下のように批判する。①私事の組織化論も新自由主義も，ともに教育の私事性を前提にしているが，前者は「新しい公共性」の創造の理論であるのに対して，後者は教育の私事化論であり，公共性の縮小・解体論である。②両者は，ともに「国権論的公共性論」とは対立しているが，前者は「国家が教育を管理統制して内面世界に介入することを拒否」するのに対して，後者は「国民統合論」を前提にしており，現実には「国旗・国歌法」の押しつけにみられるような統制主義的方策と相互補完的な関係を為している。

しかし，この堀尾の「教育の私事化」批判に対しては，その対抗理論とされる「私事の組織化論」自体の時代錯誤性とカウンター性の葛藤が厳しく糾弾される。黒崎は，端的に「堀尾が私事の組織化論を擁護しつつ，新自由主義的教育政策として提示されている学校選択の自由化論を『教育の私事化論』と批判するところに，国民の教育権論に包摂された私事の組織化論の理論的破産をみる」（黒崎勲『教育行政学』岩波書店，1999年，107頁）という。この指摘は，「教育の自由化論」も論理としては「私事の組織化としての公教育」という論理をもっているという点で，「私事の組織化論」の「理論的弱点に鋭く肉薄している」ことを問題としている。確かに，「私事の組織化論」と「教育の私事化論」はともに「国家的公共性」に対して「市民的公共性」の構築を主張するものである。しかし，前者の「私事の組織化論」は「国家的公共性」を緊急避難的に拒否する論理であり，より生産的に「市民的公共性」を方向づける具体的な理論をもたない。その意味では，「教育の私事化論」はそれが公教育制度の解体の論理であるとしても，その解体の手法として「私事の組織化」を具体的に含んでいる点で，新しい公共性の形成のための具体性と実践性をもつのである。
(25) 藤田英典「学校選択か学校づくりか」『教育の政治経済学』（岩波講座9　現代の教育）岩波書店，1998年，258-287頁。
(26) 黒崎勲「教育の市場化・民営化と教育行財政－規制された市場と学校選択－」『日本教育行政学会年報26』日本教育行政学会，教育開発研究所，2000年，9頁。
(27) 羽田貴史「自由化論と公教育の課題」『教育社会学研究』第52集，日本教育社会学会，東洋館出版社，1993年，28-29頁。
(28) 戸波江二「国民の教育権論の現況と展望」『教育法制の再編と教育法学の将来』日本教育法学会年報30，有斐閣，2001年，36-45頁。なお，その後戸波氏は同論文を手直しした論稿を以下のものに発表している。戸波江二「第6章　国民教育権論の展開」日本教

育法学会編『教育法学の展開と21世紀の展望』（講座現代教育法1）三省堂，2001年，107-125頁。
(29) 今野健一「コメント①『国民の教育権』論の存在意義と教育法学の課題」『教育法制の再編と教育法学の将来』日本教育法学会年報30，有斐閣，2001年，66頁。
(30) 「〈記念シンポジウム〉〔討論〕教育法制の再編と教育法学の将来」『教育法制の再編と教育法学の将来』日本教育法学会年報30，有斐閣，2001年，61-65頁。
(31) 今野前掲論文，66頁。
(32) 本書「第1章教育法の法理論　第3節『国民の教育権』論の転換」を参照されたい。
(33) 今野前掲論文，66頁。
(34) 江幡裕「学習権の動向－教育権から教育人権へ－」『教育制度学研究』第7号，日本教育制度学会，紫峰図書，2000年，112頁。
(35) 伊藤は，「権利の無責任的特性」について，その権利の保護が権利主体のみに与えられる排他的なものであり，権利主体以外の利益や価値，例えば他人の権利や国家財政・資源の制約について無関心，無責任的であることと指摘し，さらに「権利の非相互的特性」として，権利を有するということだけで，特定の相手方に対して何のお返しになるようなことをしない場合でも，自己の利益を主張し，相手方の義務を想定することを指摘している。伊藤周平「福祉国家における権利と連帯の法社会学」『構造変容と法社会学』第50号，日本法社会学会，有斐閣，1997年，24頁。
(36) 井上達夫「パターナリズムと人権」『ジュリスト』有斐閣，1989年，74頁。
(37) 渡辺康行「人権理論の変容」『現代の法1　現代国家と法』岩波書店，1997年，69頁。
(38) 井上達夫『共生の作法』創文社，1986年，146頁。
(39) 佐藤幸治『憲法』青林書院，1995年，392-393頁。
(40) 佐藤幸治『国家と人間』放送大学教育振興会，1997年，35頁。
(41) 阪本昌成『憲法理論Ⅱ』成文堂，1993年，62頁。
(42) 奥平康弘「ヒューマン・ライツ」『和田英夫教授古希記念集・戦後憲法学の展開』日本評論社，1988年，140頁。
(43) 詳細については，以下の文献が詳しい。樫木秀夫「介入主義法の限界とその手続化－『法化』研究序説」『九大法学』第23巻2号，1998年，45頁。
(44) 「自省的法」とは，1980年代初頭にギュンター・トイプナー（Teubner, Gunter）によりテーゼされた新しい法の概念（考察枠組み）をいう。「規制された自律性（Autonomie）をめざすものであり，しかも社会のさまざまな部分における手続法と組織化を促進するための『統合のメカニズム』（integrative Mechanism）である」と定義される。この場合，自省的法の価値（機能）は，「介入主義法」や「実質的法」による葛藤や病理現象を解決し，同時に社会結合や自己再生産を傷つけない形での間接的・手続き的権利さらにはそれを法化する点にあるという。なお，トイプナー自身，近年はこの「自省的法」は法の社会的価値を機能分化した社会に適応的な法論理に求め，その自律社会における「対話」・

「連帯」・「支援」の作用を通じた自己調整によるオートポイエシス（「自己産出」）的な社会規範であるとも説明し，その解釈は多様であるとされている（田中茂樹「近代法の変容の三段階－自省的法の構想について－」『阪大法学』第40巻3／4号，1991年，165-189頁）。
(45) J. ハーバーマス（丸山高司他訳）『コミュニケイション的行為の理論（下）』未来社，1987年，125頁。
(46) 同上書，122頁。
(47) Teubner, G., "Substantive and Reflevive Elements in Modern Law," *Law and Society Review,* vol.1, 17, no.2 (1983), pp.239-285.
(48) Robert, Maranto, et al., *School Choice in the Real World,* Westview Press, 2001.
(49) 馬場健一「社会の自律領域と法（1）－学校教育と法との関わりを素材に－」『法学論叢』（京都大学）第127巻5号，1989年，134-154頁。同「社会の自律領域と法（2）－学校教育と法との関わりを素材に－」『法学論叢』（京都大学）第127巻6号，1990年，156-172頁。同「第3章 法化と自律領域」棚瀬孝雄『現代法社会学入門』法律文化社，1995年，73-89頁。同「学校教育紛争とその法化」棚瀬孝雄編著『紛争処理と合意』ミネルヴァ書房，1996年，43-60頁。
(50) 黒崎「子ども，父母の人権・権利保障の問題点に照らして」『教育制度学研究』第2号，前掲，141頁。なお，市川昭午も「法＝権力としてそれを強く排しつつ，なぜ最終的手段とはいえ，司法介入が認められるのか」と同様の指摘を行っている（市川昭午「教育にとっての教育裁判」『季刊教育法』総合労働研究所，1973年，14頁）。現状では，「国民の教育権論」者が自らの教育権の具現化のために最終的に「法」に求めることに対して，「国民の教育権論」の批判論者が共通にその自己矛盾性を突くという状況がある。この批判は，「法」の機能性である強制性や権力性から「法」を全面的に認識し，「法」の目的性である民主性や代表性を捨象しているという偏見性をもつと考える。また，「法」を法形式上国家実定法を中心に狭く捉え，それ以外の教育法，例えば学校慣習法や地方教育条例の存在価値を承認していないともいえる。むしろ，現状では学校評議員制度の発展としての学校自治法や「子ども権利条例」といった地域教育自治法の生成がみられ，創造的な教育法の出現がある。これらの新しい教育法はいわば教育という自律領域で生成し，形成される「自省的法」としての特質を内包しており，教育改革立法としての「介入主義法」に対して，それと対決する要素をもつ。

各論編

教育改革と教育法

第3章　教育基本法の改正と教育法

第1節　教育基本法の改正にみる法理論

　2006年12月15日，教育基本法の改正案が可決・成立した。この教育基本法の改正は，これまでの教育基本法の理念・目的を大きく変化させる「全改正」であり，「新教育基本法」とも呼べる変化と特質をもつ。例えば，その法理念は，「人格の完成」（旧教育基本法）から「美しい国」にふさわしい徳目をもつ「日本人」の育成に変化した。また，その法機能は教育の条件整備（旧教育基本法）から学校や家庭の自治・生活領域に介入し，教育の内容・方法と制度を国家統治することに変化した。

　「新教育基本法」は現在「教育振興基本計画」の根拠法となり，これからの日本の公教育の目標と構造そして制度を大きく変える教育改革のための教育ガバメント（統治）法となっている。

　すでに同法の改正にもとづき，学校教育法，教育職員免許法，地方教育行政の組織及び運営に関する法律の3法の改正が，「教育再生法」として進められた。そこでは，義務教育の目標の新設や各学校種の目的・目標の見直しさらに教育免許更新制の導入，また私立学校に関する教育行政の見直し等が進行した。そのため，これからの教育法の変化の本質と方向をみる上で，教育基本法の改正内容を理解し，解釈することは重要な課題になるといえる。

　本章では，そうした意味から教育基本法の改正の法理論を検討する。具体的には，旧教育基本法から大きく改正された条文を中心に「新教育基本法」の法理論の特性を考える。

1 教育目標の法改正の法理論

> 第2条（教育の目標）　教育はその目的を実現するため，学問の自由を尊重しつつ，次に掲げる目標を達成するよう行われるものとする。
> 一　幅広い知識と教養を身に付け，真理を求める態度を養い，豊かな情操と道徳心を培うとともに，健やかな身体を養うこと。
> 二　個人の価値を尊重して，その能力を伸ばし，創造性を培い，自主及び自律の精神を養うとともに，職業及び生活との関連を重視し，勤労を重んずる態度を養うこと。
> 三　正義と責任，男女の平等，自他の敬愛と協力を重んずるとともに，公共の精神に基づき，主体的に社会の形成に参画し，その発展に寄与する態度を養うこと。
> 四　生命を尊び，自然を大切にし，環境の保全に寄与する態度を養うこと。
> 五　伝統と文化を尊重し，それらをはぐくんできた我が国と郷土を愛するとともに，他国を尊重し，国際社会の平和と発展に寄与する態度を養うこと。

（下線部は新教育基本法の主な変更部分を表す）

改正教育基本法の特徴の1つめは，教育の基本理念を具体的に項目として目標化した点にある。改正教育基本法では，旧教育基本法の「教育の方針」（第2条）を削除し，それに代わる「教育の目標」を新設し，国家が求める国民としての資質（「態度」）を5つの「項目」として列挙した。

これらの項目は，大枠としては①「情操と道徳心」②「勤労を重んずる態度」③「公共の精神」④「環境の保全」⑤「我が国と郷土への愛」で構成されている。

これらの項目がどのような意図から規定されたか。特に新設された箇所の内容を中心に立法者意思をみてみよう。まず，①「情操と道徳心」は人格形成において最も重要なものであり，これらを培うことが教育の基本的な機能であるとして新たに目標として明示された。この場合，「情操とは，美しいものやすぐれたものなどに接して感動する心であり，また，道徳心とは社会における善悪の判断基準として一般に承認されている規範を守り，これに従おうとする心」（2006.6.8 衆議院・教育基本法に関する特別委員会（以下「衆教特委」），田中生涯学習

政策局長答弁から）と解釈された。

　また，②「勤労を重んずる態度」の規定は，フリーターやニートが社会問題化している状況の中で，「一人一人の子どもたちが自分の個性を理解して，主体的にその進路を選択できる能力や態度を養っていくこと」（同上）への必要性から導入された。③「公共の精神」とは，「社会全体の利益のために尽くす精神そして国や社会の問題を自分自身の問題として考え，そのために行動する精神」（同上）と解釈された。さらに，④「環境の保全」は「自然との共生を図るために必要な態度を育てる」（同上）という趣旨から導入され，①の「情操」を培うことにもつながる価値が解釈された。

　この中で，立法段階において世論の注目をあびたのが⑤「我が国と郷土への愛」であった。これまで，教育の世界では「愛国心」は，戦前・戦中の偏狭なナショナリズムや軍国主義に傾斜したイメージが強く，国家思想教育の次元あるいは入学式・卒業式における国旗掲揚・国歌斉唱に関する教員処分紛争の次元で問題が多かった。そのため，⑤「我が国と郷土への愛」の規定は，衆議院・参議院の本会議や両院の特別委員会会議での国会審議のみならずマスコミを通じて大きな論争となった。政府側は，⑤「我が国と郷土への愛」の導入の意図は，「日本人としてのアイデンティティーとして，しっかりとした歴史観そして伝統に対する認識，日本の伝統文化というものをしっかり知識として身につける」（2006.5.26 衆教特委，小坂文部科学大臣答弁）ためと指摘している。また，「我が国と郷土への愛」は，「戦前の愛国心という言葉の下で個人の尊厳が破壊された戦前に戻るということは我々は毛頭考えておりません」（2006.11.29 参教特委，伊吹文部科学大臣答弁）として，戦前の「愛国心」と異なる価値であることを強調した。さらに，「我が国と郷土への愛」にいう「我が国」とは，「歴史的に形成されてきた国民，国土，伝統，文化などから成る歴史的・文化的な共同体としての我が国」（2006.11.17 第 165 回臨時国会・参議院本会議，安倍首相の答弁）であるとして，「統治機構，すなわち政府や内閣こういうものを愛せよということは含んではおりません」（2006.5.26 衆教特委，小坂文部科学大臣答弁）と述べた。

以上のことを総合すると、「我が国と郷土への愛」の徳目は戦前・戦中の国家主義（ナショナリズム）の教化ではなく、新しい共同体主義による日本人としてのアイデンティティーの形成を目的としていると考えることができる。
　一方、重要なことは「我が国と郷土への愛」が実際に学校現場においてどのように指導されるかという点にある。この点について、政府側は「具体的には、社会科や道徳などにおきまして、現在の学習指導要領においても規定されておりますようにふるさとの歴史や昔から伝わる行事を調べたり、あるいは国家・社会の発展に大きな働きをした先人、偉人また国際社会で活躍した日本人等の業績について調べたり、あるいはそうした理解を深める」（2006.5.24 衆教特委、小坂文部科学大臣答弁）ことと指摘している。すでに、現行の学習指導要領には、我が国や郷土の歴史、伝統や文化に関する指導内容が盛り込まれているが、今後小学校においてやさしい古文や漢文の音読（国語）や我が国の伝統・文化に関する内容のいっそうの重視（社会）が検討されている。また、「我が国と郷土への愛」の学習評価については、基本的には「心情」ではなく「態度」を評価すべきとして、「我が国の歴史や伝統に関する学習内容に対する関心・意欲・態度を総合的に評価」（2006.5.31 衆教特委、小坂文部科学大臣答弁）するとしている。
　以上のような改正教育基本法による教育目標の新たな法定化は、当然にその下位法として学校教育の教育目標を規定している学校教育法の改正を促した。例えば、学校教育法の改正では、従来小学校と中学校にそれぞれ設けられていた教育目標を義務教育の目標として一本化し、そこに改正教育法の教育目標の「項目」が反映された。
　例えば、改正された学校教育法第21条（一）では改正教育基本法第2条3項の「公共の精神に基づき、主体的に社会の形成に参画し、その発展に寄与する態度を養うこと」という文言がそのまま引き写されている。また、同法同条（二）では改正教育基本法第2条4項の「生命を尊び、自然を大切にし、環境の保全に寄与する態度を養うこと」の趣旨が活かされている。さらに、同法同条（三）では改正教育基本法第2条5項の「伝統と文化を尊重し、それらをはぐくんできた我が国と郷土を愛するとともに、他国を尊重し、国際社会の平和

と発展に寄与する態度を養うこと」がほぼそのまま引き写されている。

なお，改正教育基本法にみられる教育目標の法改正は，以上の学校教育法のみならずより具体化された実践的教育目標すなわち各学校の教育課程編成の理念や教科編成基準等を定めた学習指導要領の改訂につながっている。

2　公教育制度・事業拡大の法改正の法理論

> 第7条（大学）　大学は学術の中心として，高い教養と専門的能力を培うとともに，深く真理を探究して新たな知見を創造し，これらの成果を広く社会に提供することにより，社会の発展に寄与するものとする。
> 2　大学については，自主性，自律性その他の大学における教育及び研究の特性が尊重されなければならない。
> 第8条（私立学校）　私立学校の有する公の性質及び学校教育において果たす重要な役割にかんがみ，国及び地方公共団体は，その自主性を尊重しつつ，助成その他の適当な方法によって私立学校教育の振興に努めなければならない。
> 第10条（家庭教育）　父母その他の保護者は，子の教育について第一義的責任を有するものであって，生活のために必要な習慣を身に付けさせるとともに，自立心を育成し，心身の調和のとれた発達を図るよう努めるものとする。
> 2　国及び地方公共団体は，家庭教育の自主性を尊重しつつ，保護者に対する学習の機会及び情報の提供その他の家庭教育を支援するために必要な施策を講ずるよう努めなければならない。
> 第11条（幼児期の教育）　幼児期の教育は，生涯にわたる人格形成の基礎を培う重要なものであることにかんがみ，国及び地方公共団体は，幼児の健やかな成長に資する良好な環境の整備その他の適当な方法によって，その振興に努めなければならない。
> 第13条（学校，家庭及び地域住民等の相互の連携協力）　学校，家庭及び地域住民その他の関係者は，教育におけるそれぞれの役割と責任を自覚するとともに，相互の連携及び協力に努めるものとする。

改正教育基本法の特徴の2つめは，教育の機関や対象（領域）を拡大した点にある。具体的には，旧教育基本法にはなかった「大学」（第7条）「私立学校」

(第8条)「家庭教育」(第10条)「幼児期の教育」(第11条)「学校，家庭及び地域住民等の相互の連携協力」(第13条)などが新たに追加された。これらの「追加」は単に「追加」にとどまらず日本の公教育の拡大であり，国及び地方公共団体の公教育事業の領域の拡大を意味している。以下，それぞれの新条文の新設意図を中心に立法者意思をみてみる。

第7条（大学）の新設は，グローバル化・市場化などの大きな社会経済変化の中で知識社会化の拠点としての大学の役割を重要視したことを理由とする。「大学」が今後「世界最先端の学術研究による新たな知の創造と活用を通じて我が国社会や人類の将来の発展に貢献する人材を育成する」（2007.5.31 衆議院教特委，小坂文部科学大臣答弁）ことを期待している。従来の大学はその進学率（51.5％，2007年）が示すように開放的な構造をもつ大衆型に進んでいたが，今後は「知の拠点」として世界的なレベルでのエリート型への志向がある。

第8条（私立学校）の新設は，私立学校が「我が国の学校教育の質，量の両面におきまして，この発展に大きな役割を果たしてきた」（2007.5.31 衆議院教特委，小坂文部科学大臣答弁）役割を重要視し，私学教育の振興を図ることを理由とする。そのため，旧教育基本法と異なり，新たに「私立学校の有する公の性質」を明示し，「自主性を尊重し」，「助成」による国・地方公共団体による私学振興が法定された。この背景には，教育の私事化により国公立学校体制を改変する教育の市場化政策の流れがある。

第10条（家庭教育）の新設は，大きく改正教育基本法の特徴を表す条文の1つである。旧法（第7条）では，家庭教育は「家庭教育及び勤労の場所その他社会において行われる教育は，国及び地方公共団体によって奨励されなければならない」と規定され，大きく「社会教育」の領域の内に含められていた。しかし，改正教育基本法では「家庭教育」を条文として独立させ，その教育的価値や本質さらに条件整備の必要性まで明記した。そこでは，まず「保護者の子に対する教育責任」の原則が示された。さらに家庭教育の教育目標として「生活のために必要な習慣を身に付けさせるとともに，自立心を育成し，心身の調和のとれた発達を図る」ことが規定された。さらに，同条2項において国及び

地方公共団体が「家庭教育を支援するために必要な施策を講じなければならない」として努力義務まで規定された。

　この点，従来から家庭教育は「私事」の領域であり，家庭という「私」の生活世界のできごとであった次元が，大きく「公共事」の領域であり，その条件整備も「奨励」から「支援」へと公権力の関与を強める公共の次元に移行した。

　こうした家庭教育の法定化の理由は，大きく家庭の教育力の低下にある。少子化・核家族化・都市化等の急激な社会環境の変化の中で，保護者世代の「子育て」力の低下が生じた。さらに，この「子育て」力の低下は家庭内にとどまらず学校教育に波及し，教科指導や生活指導上の問題に連動している。第10条（家庭教育）の新設はそうした緊急性に対応して国及び地方公共団体が「百年追いつかない間の現実的な手当て」（2007.11.1 衆議院教特委，伊吹文部科学大臣答弁）を行うことを法定化したものであるといえる。

　第11条（幼児期の教育）は，先の第10条（家庭教育）と連動し「生涯にわたる人格形成の基礎」として幼児教育の重要性をあげ，そのための「良好な環境の整備その他の方法」による国及び地方公共団体の「振興」の必要性を規定している。この場合，幼児期の教育の範囲に関しては，「幼稚園，保育所等で行われる教育のみならず，就学前の幼児に対して家庭や地域で幅広く行われる教育を含めた教育を意味している」（2007.6.8 衆議院教特委，馳文部科学副大臣答弁）ことから，ここでも大きく就学前段階の幼児教育を家庭の「私事性」から国家の「公共性」に転換する意図がみられる。

　第13条（学校，家庭及び地域住民等の相互の連携協力）は，学校，家庭そして地域住民の「三者がそれぞれに子供の教育に責任を持つとともに，相互に緊密に連携協力して教育の目的の実現に取り組むことが重要」（2007.6.5 衆議院教特委，小坂文部科学大臣答弁）であるとして新設された。すでにこれからの学校経営の方法として学校と学区（保護者・住民）との協働は重要な課題であり，学校教育法の改正案における学校評価（保護者による当事者評価や地域住民による外部評価）や学校教育情報の提供が本条の新設により進行している。

　以上，改正教育基本法は法として規定する教育の領域・機関・対象を拡大し

た。こうした拡大はこれからの日本の公教育の拡大であるとともに，それを担う国及び地方公共団体の事業の拡大を意図している。その点，日本の教育が「私事」から「公共事」にシフトし，新たな公教育体制の変化が生じるといえる。

3 教育行政の法改正の法理論

> 第三章 教育行政
> 第16条（教育行政） 教育は不当な支配に服することなく，この法律及び他の法律の定めるところにより行われるべきものであり，教育行政は，国と地方公共団体との適切な役割分担及び相互の協力の下，公正かつ適正に行われなければならない。
> 2 国は，全国的な教育の機会均等と教育水準の維持向上を図るため，教育に関する施策を総合的に策定し，実施しなければならない。
> 3 地方公共団体は，その地域における教育の振興を図るため，その実情に応じた教育に関する施策を策定し，実施しなければならない。
> 4 国及び地方公共団体は，教育が円滑かつ継続的に実施されるよう，必要な財政上の措置を講じなければならない。
> 第17条（教育振興基本計画） 政府は，教育の振興に関する施策の総合的かつ計画的な推進を図るため，教育の振興に関する施策についての基本的な方針及び施策その他必要な事項について，基本的な計画を定め，これを国会に報告するとともに，公表しなければならない。
> 2 地方公共団体は，前項の計画を参酌し，その地域の実情に応じ，当該地方公共団体における教育の振興のための施策に関する基本的な計画を定めるよう努めなければならない。
> 第四章 法令の制定
> 第18条 この法律に規定する諸条項を実施するため，必要な法令が制定されなければならない。

改正教育基本法の特徴の3つめは，教育基本法自体が教育統治（ガバメント）法としての法機能をもった点がある。その根拠は，第1に「不当な支配」の主体に教育行政機関が含められる解釈の可能性をカットした点にみられる。旧教育基本法（第10条1項）では，「教育は不当な支配に服することなく，国民全

体に対して直接に責任を負って行われるべきものである」と規定され,「不当な支配」の主体に教育行政機関（国会や政府も含めて）を含める解釈の可能性をもっていた。むしろ，旧教育基本法は教育に対する公権力の関与を規制することを法理念としていたともいえる。実際，旧教育基本法の立法者意思や判例（1976年学テ判決）においてもそのように解釈されていた。しかし，改正教育基本法では「不当な支配に服することなく」という文言を残しながらも「教育は，不当な支配に服することなく，この法律及び他の法律の定めるところにより行われるもの」と規定し,「国民全体に対して直接に責任を負って行われるべきもの」に代えて「この法律及び他の法律の定めるところにより行われるもの」を挿入した。また，改正教育基本法は旧教育基本法に規定されていた「教育行政は，……教育の目的を遂行するに必要な諸条件の整備確立を目標として行われなければならない」の部分を削除した。以上のことから，第16条（教育行政）は，国及び地方公共団体による教育への関与を積極的に承認する根拠規定となった。

　教育基本法自体が教育統治法としての法機能をもった根拠は，第2に第17条（教育振興基本計画）の新設により国及び地方公共団体を教育政策の計画主体として強く承認した点がある。近年制定された各種の基本法，例えば「環境基本法」,「食料・農業・農村基本法」さらに「科学技術基本法」などは，いずれも「基本計画」とセットになっており，基本法が「基本計画」の立案と具現化の根拠法となっている。「教育振興基本計画」についても，例えば，（中央）政府は「教育の振興に関する施策についての基本的な方針及び施策その他必要な事項について，基本的な計画を定め」（同条1項）ると規定された。また，地方政府は「前項の計画を参酌し，その地域の実情に応じ，当該地方公共団体における教育の振興のための施策に関する基本的な計画を定める」（同条2項）と規定された。このことは，中央政府と地方政府の間において教育の計画主体としての上下関係を明確化するとともに，中央政府が今後の日本の教育の計画主体であることを強く法定化したことを意味する。

　教育基本法自体が教育統治法としての法機能をもった根拠は，第3に第18

条の新設により同法自体を教育関係法改正の根拠法と位置づけた点がある。旧教育基本法においても第11条（補則）として類似の条文があった。そこでは，「この法律に掲げる諸条項を実施するためには必要がある場合には，適当な法令が制定されなければならない」と規定されていた。しかし，改正教育基本法の第18条は単一の条文で1つの章（「第四章　法令の制定」）を構成し，さらに「必要がある場合」を削除し，「この法律に規定する諸条項を実施するため，必要な法令が制定されなければならない」と強く規定している。その意味では，改正教育基本法は旧教育基本法と比べて教育関係法（改正）の「根拠法」としての位置づけが強くなったといえる。

第2節　教育基本法改正にみる教育の法化

　教育基本法の改正は国家による新たな教育の法化の現象と考えられる。その教育の法化とは，教育の規範法化及び政策法化を指す。教育の規範法化は，教育の理念や目的といった精神的な価値規範を国家権力規範としての実定法に明文化することをいう。それは，いわば「道徳の法化」に類似したもので，個人の内面的な精神規範を公権力性をもつ国家規範にのせるという意味で，個人の精神が逆に国家権力により統制される危険性が生じるという問題性をもつ。また，教育の政策法化とは，教育法が国及び地方公共団体の教育政策の具現化の道具として機能することをいう。それは，今後において教育法が「教育統治法」となり学校や家庭などの教育の生活世界に介入し，その教育システムを統治（ガバメント）するという問題性をもつ。ここでは，そうした教育基本法改正による教育の法化の問題性を考察する。

1　教育基本法改正論争にみる立法者意思とは

　教育基本法とは何か，教育基本法はどのような価値をもつか。教育基本法改正の法的な問題を検証する前に，そうした教育基本法自体の法原理と法的価値を考えなくてはならない。そのため，ここではいったん教育基本法の改正時に

さかのぼり同法の立法者意思を再度検討してみる。

　教育基本法改正までの経緯は以下のようである。政府・自民党は国旗・国歌法が成立した翌日（1999年8月10日），党内の教育改革実施本部に「教育基本法研究グループ」を設置し，教育基本法改正の検討に着手した。そのことは，翌年（2000年）の小渕恵三首相の「施政方針演説」に示されるとともに，同首相の諮問機関として設立された「教育改革国民会議」に引き継がれ，「教育を変える17の提案」の中の1つ「17. 新しい時代にふさわしい教育基本法」として答申された。さらに，その方向は文部科学省に指示され，2001年（11月26日）遠山敦子文部科学大臣（当時）が「新しい時代にふさわしい教育基本法のあり方について」を中央教育審議会（「基本問題部会」）に諮問した。諮問を受けた中央教育審議会はほぼ「教育改革国民会議」の報告の線に沿って審議し，2003年3月20日に「改正すべき」旨の答申を示した。

　これを受けて与党である自民党・公明党は，2003年5月12日に「与党教育基本法改正に関する協議会」を設置し，具体的な教育基本法改正案を協議し，2006年4月13日に「教育基本法に盛り込むべき項目と内容について（最終報告）」をまとめた。そして，政府は同年4月28日に教育基本法改正案を閣議決定し，第164通常国会に提出した。なお，野党・民主党も同時期（2006年5月）に「日本国教育基本法案（新法）要綱」を発表し，国会に上程した。

　衆議院では同年5月11日に「教育基本法に関する特別委員会」を設置し，両案の審議を付記した。同委員会では6月15日までに合計13回（審議時間約49時間50分）の検討を行ったが，国会会期切れにより審議は次の第165回臨時国会に持ち越された。同国会では同年9月に誕生した安倍晋三内閣の下で，衆議院本会議（11月16日），参議院本会議（12月15日）でそれぞれ可決され，2006年12月22日に公布・施行された。

　以上のような教育基本法改正の立法過程については，「与党が圧倒的多数を占める現在の国会状況においては，法案の趨勢は，既に法案が提出された段階で決していることになり，法案審議過程の分析はそれほどの意味はない」[1]といわれる。しかし，教育基本法改正の法理論の本質を検討するとき，その改

正の立法者意思がどのような争論の過程において成立したのか。それを確認することは重要な課題であるといえよう。

教育基本法改正に関する論争の分析については，市川昭午によるすぐれた解説と分類がある[2]。それによると，その論争は改正必要論と改正不要論に分かれ，さらに改正必要論は「押しつけ論」「規範欠落論」「時代対応論」「原理的見直し論」「規定不備論」の5つに分類できるとされる。この場合，「改正不要論」は当然にすべて「改正必要論」への反論として生じたものであり，論争は「改正必要論」から始まっている。今ここで重視するのは果たして教育基本法改正の真の立法者意思が「改正必要論」の中のどの論にあるのかという点である。一つ一つをみてみよう。

表3.1 教育基本法改正論争の構図

論	改正必要論	改正不要論
押しつけ論	（旧）教育基本法は占領下において我が国の主権が制限された状況で占領軍の統制により押しつけられたものである。	占領軍が介入したことは否定できないが，そのことから直ちに改正すべきという理由にはならない。
規範欠落論	教育荒廃の状況がひどくなったのは，かつての教育勅語のように国民が遵守すべき徳目が現行法に規定されていないからである。	こじつけである。教育の荒廃現象が（旧）教育基本法に起因するという証拠はない。
規定不備論	例えば，第10条（教育行政）など，（旧）教育基本法は法文の内容が適切でないため誤解されやすく，教育界に不要な混乱を招いた。そのため，紛らわしい表現を改める必要がある。	（旧）教育基本法（第10条）の規定こそ教育行政のあるべき姿を適切に規定したものであり，改正の必要はない。
原理的見直し論	制定から半世紀を経た今日，現行法はその基本原理から抜本的に見直すべきである。	（旧）教育基本法の原理・原則である個人主義・民主主義・平和主義は憲法の原理に従ったものである。現行の憲法を前提とするかぎり同法を基本原理から抜本的に見直すことは不可能。
時代対応論	時代の進展や社会の変化に伴って，新しい教育課題が生じてきた。そうした新しい課題に対応できるような内容に教育基本法を改正する必要がある。	教育が社会変化に対応しなければならないことはそのとおりだが，それは，関係諸法令の改正で対応でき，（旧）教育基本法の改正を不可欠とするものではない。

まず,「押しつけ論」がある。この論は,(旧)教育基本法が主権が制限された占領下に立法化されたため,純粋に日本人による立法でないとして,同法の立法化の歴史的不備を問題とする。この論は1980年代の臨教審以降から(旧)教育基本法の見直しを政治家としての悲願とする中曽根康弘元首相の個人的主張の色合いが強いが(3),自民党内の一大派閥の長としての存在やその国家主義的教育改革のアピールの影響から,ほぼ与党・自民党の主張と考えていい。

「規範欠落論」は,現在の教育荒廃現象の原因が(旧)教育基本法に教育勅語のような国民が遵守すべき徳目が規定されていないことにあるとして,新たに"公共"の精神,道徳心,自律心,規範意識,伝統や文化の尊重,郷土や国を愛する心などといった徳目や規範を盛り込む必要があるという。ただ,この論は先の「押しつけ論」においても,例えば中曽根が(旧)教育基本法に一番欠落しているのは「公」の概念であり,日本固有の道徳律や伝統的観念さらに家庭観念がないと主張しているように,「押しつけ論」とセットで主張されるケースが多い。

さらに,「原理的見直し論」がある。この論は,どちらかといえば「規範欠落論」に近く,(旧)教育基本法にない伝統的思想の見直しを求める。個別な政策課題に対応した改正ではなく,原理的な見直しを求める。

また,「規定不備論」は法の条文の規定条項の次元で(旧)教育基本法の不備を問題として,それが法解釈上及び法実践上の誤解を生じさせ,教育界に不要な混乱を招いたとして,その条文字句の訂正を求める。それは,直接には(旧)教育基本法第10条(教育行政)を指し,同条に関して「だれが教育の『責任者』であるのか」「『不当な支配』とは何を意味するのか」まったくわからないと主張する。この論は,どちらかといえば同条により教育行政の権限が規制されたことを問題とする文部科学省の行政解釈的主張に近い。

最後に「時代対応論」がある。この論は,教育改革国民会議が「16. 新しい時代にふさわしい教育基本法を」と明示し,中教審答申が「新しい時代にふさわしい教育基本法と教育振興基本計画」と明示しているように,政府もしくは文部科学省の公的見解とされやすい。この論は,実際「比較的受けが良く,支

持する論説もみられる」(4)ことから，政府見解とされやすい。

　以上の改正必要論のうち，(旧)教育基本法改正の立法者意思はどれに属するのか。1つに確定することは難しい。それは，国家法の改正が政府・与党の政治的意図から生じ，関係官庁・文部科学省の行政サイドの政策的意図との調整を経て，最終的に国会において形式的に法案審議される立法手続きを経るからである。その意味では，教育基本法改正の立法者意思は，その過程を通観すれば，与党である政府自民党の「押しつけ論」を「動機」として始まり，そこに「規範欠落論」や「原理的見直し論」のような「政治的意図」を含み，さらに行政解釈論としての「規定不備論」との「調整」を経ながら，最終的に「時代対応論」として「広報」されたと考えることができる。この場合，「改正不要論」サイドからの立法論的批判が難しいのは，教育基本法改正の立法過程における「動機」「政治的意図」さらに「調整」といった次元が直接に問えないという一点にある。それらは，原理的な民主主義から遊離した「政治的」次元にあり「立法的」次元にはない。実際，国会での教育基本法に関する特別委員会で行われた質疑応答では，政府は「時代対応論」以外の改正必要論を巧みに外した。

　さらに，政治的批判あるいは教育論的批判が論としては妥当するとしても，立法論的には教育基本法の改正は正規の法律提出権を有する機関により改正法案が提出され，立法府としての国会の正規の立法手続きにより成立したことから，違法性は問えない。

　ここで，われわれが問題とできるのは，すでに教育基本法の改正が成立した現段階では立法論的批判ではなく，教育基本法の立憲的解釈の次元であり，「日本国憲法の下に位置づけた体系的解釈の可能性とその内容の検討」(5)であるといえる。より詳しくいえば改正された教育基本法のそれぞれの条項が実際に下位法（学校教育法等）を道具として法化される次元であるといえよう。

2　教育基本法の改正と教育の規範法化

　教育基本法の改正による新たな教育の法化として教育の規範法化がある。そ

れは，直接には同法の第2条（教育目標）の新設を指す。この新設条項の特徴は，先に述べたように5つの項目がそれぞれ「態度」という概念で示されている点である。それらは，大枠として「真理を求める態度」「勤労を重んずる態度」「社会に寄与する態度」「環境に寄与する態度」「国際社会に寄与する態度」であるが，ここでは，教育の目標が「人格形成」の目標ではなく，日本人としての態度すなわち国民アイデンティティーの形成の目標として条文化された。

　ここで検討しなくてはならないのは，日本の教育目標（目的）が「人格の完成」（旧教育基本法）から「日本人の育成」（改正教育基本法）に変えられたことに関して教育理論（教育本質論）上の問題性がどうか。さらに，道徳的及び倫理的規範を公権力性あるいは強制性をもつ法に規定することに関して法理論（立法論）上の問題性がどうかという2点にある。

(1) 教育目標（目的）改正の教育論的問題

　まず，前者に関してそれぞれの教育目標（目的）が規定された社会背景（立法動機）を含めてその教育論的価値を考えてみる。大まかには日本の教育目標（目的）は図3.1[6]のように転換したと考えられる。

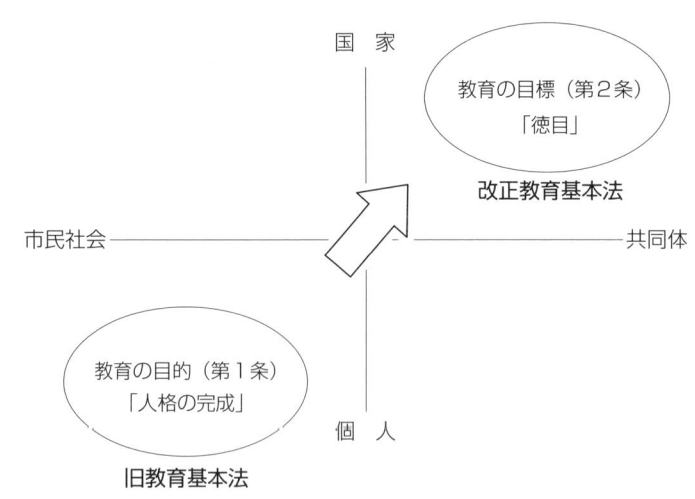

図3.1　教育基本法改正による教育目標（目的）の転換イメージ

旧教育基本法の教育目的（第1条）は以下のように規定されていた。「教育は，人格の完成をめざし，平和的な国家及び社会の形成者として，真理と正義を愛し，個人の価値をたつとび，勤労と責任を重んじ，自主的精神に充ちた心身ともに健康な国民の育成を期して行われなければならない。」そこでは，「人格の完成」と「国民の育成」の関係が条文上明確ではないが，ほぼ「社会」と「個人」の双方の観念から教育の理念を掲げたものだと解釈できる。その背景には，「主体的な個人が民主的な秩序を自らの手でつくる，という社会モデル」[7]があった。その社会モデルとは明らかに民主主義社会をいい，「国家及び社会の形成者」というように「国家」とは離れた領域をイメージしていた。ただ，それは敗戦直後の日本社会の実情からすると未経験であるという理由で理想主義的であり，ある意味無国籍で観念的な教育思想の印象を与えたかもしれない。事実，例えば「改正必要論」の中（「押しつけ論」）には，旧教育基本法の教育目的を「日本でなくてはいけないという要素はあまりない」[8]とする批判がある。

しかし，当時終戦直後の日本社会を想像するとき，そこには明らかに国家による教育思想や道徳への介入への恐れと国家主義的・軍国主義的な教育の功罪に対する深い反省があった。その「恐れ」と「反省」が「教育勅語に代わるべき教育宣言的意味」[9]を教育目的（「人格の完成」）の規定（第1条）に託したと考えることができる。その意味では，旧教育基本法における教育目的で描かれた社会イメージは，個人を全人格的に統制する「国家共同体」あるいは「村落共同体」などの「共同体」の対局をなす理想主義社会という観念的なものであったかもしれない。

一方，教育を受ける主体としての「個人」の価値づけについては「人格の完成」の概念が重視された。この「人格の完成」概念には，「『個人の自律』の契機とともに，他方で用語それ自体のなかにすでに倫理的・社会的契機を含んで」[10]いた。その倫理的・社会的契機とは，「画一的な軍国的レジームの解体と個人の解放」[11]であり，そのため軍国主義・国家主義からの個人の解放・個人の尊重という消極的目的にとどまらず，より普遍的・積極的な目的として

「理想的な人間の類型」を求める「人格の完成」の概念が適用された。当時，この「人格の完成」に対してはそれが倫理的・基準的であり，個人の価値と尊厳を重視し「人間性の開発」を充てるべきだとする教育におけるリベラリズム・個人主義派からの主張もあった。しかし，「人間性の開発」にいう「人間性」ということばには人間の悪性を是認する感じを与えるという法制局のクレームにより成案化されなかったといわれる。いずれにしても，「人格の完成」には「個人」の価値と尊厳を重視するという消極的目的と理想的な人間の類型を求める積極的目的の2つが内包されたものであった。

　一方，改正教育基本法の「教育の目標」(第2条)は，教育論的には旧教育基本法の「人格の完成」よりもさらに積極的に「理想的な人間の類型」を求める方向にシフトしている。その「理想的な人間の類型」とは，国家と共同体をイコールでつなぐ形で国民国家の共同体性を強力なイメージとして再構築し，そこに個人を「国を愛する心」の教化により帰属させる[12]教育論を有している。そこにみられる教育論は，多様な価値と理念をもつ「個性」の尊重と育成という教育におけるリベラリズム・個人主義の教育思想ではなく，「日本人としての自覚」や「国を愛する心」などの徳目を国家が教化するという国家主義・教化主義の復古的な教育思想であるといえよう。教育の目的は個人ではなく国家の次元に意識され，人格の形成は個人の発達ではなく国家の発展に寄与する方向に求められる。つまり，経済のグローバル化の中で求められる「強い国家」を形成するための「強い日本人」の形成という国家の教育論が浮上したと考えられる。

(2) 教育目標（目的）改正の立法論的問題

　教育目標（目的）改正の問題は教育論上の問題にとどまらない。それは，特定の教育倫理もしくは教育価値を含んだ教育目標（目的）が現実には権力規範としての国家法に規定されるという意味で，立法論上の問題に発展するためである。はたして，教育目標（目的）を法定することに正当性はあるのであろうか。

　2つの先行事例がある。1つは国家主義体制下において天皇・国家に奉仕する「臣民」の倫理行動を国家規範化した教育勅語であり，もう1つは「人格の

完成」という倫理的規範を法定した旧教育基本法である。この２つの教育目標（目的）の法化の事例からその正当性の問題を考えてみる。

　1890（明治23）年に発布された教育勅語は，国の教育方針さらには国民道徳の大綱を規範化し，その絶対的服従を国民に要求した国家規範であったとされる。その意味では，今回の改正教育基本法を「平成の教育勅語」と形容する批判論者もいる。しかし，注目しなくてはならないのは，教育勅語は必ずしも教育の倫理を「法律」に規定したものではなかったという事実である。法形式上「勅語」は「法律」ではなく大臣の副署のない天皇個人の見解というものであった。さらに，実際には国の教育方針さらには国民道徳の大綱などの倫理規範を大日本帝国憲法に法定化することには論争があり，見送られたという事実がある。そこには，最低限において「立憲政体主義」にもとづく厳格な法律主義と国民（「臣民」）の「内心の自由」を最低限保障するという近代的民主主義意識があったといえよう。

　また，旧教育基本法における教育目的の実定法化についても多くの論争があった。成嶋隆の分析整理(13)によれば，それらは「歴史的事情説」「教育内容要求権説」「憲法内在説」「普遍的価値説」「内容的制度基準説」「国家権力拘束説」の６つの法定賛成説と１つの「法定否認説」に分類される。ここでは，それぞれの説の吟味を行う余裕はないが，成嶋が指摘するように，旧教育基本法が，「教育の理念や方向性を提示する条項（宣言・訓示規範）と教育関係者の権利義務に影響を及ぼす実定的性格をもつ条項（裁判規範）の２種類の条項が含まれる」特殊な法律であること。さらに，旧教育基本法の「人格の完成」（第１条）が前者の「宣言・訓示規範」に属すると考えれば，教育目的の実定法化の合法性は，国民にとっての訓示であり，同時に国家権力を拘束する裁判規範に置く「国家権力拘束説」に近いといえよう。

　しかし，一方，先に説明した同法の教育目的（「人格の完成」）の立法化の経緯をみたとき，その時代要請として「教育勅語に代わる教育宣言的意味」の表明が求められた事情を考えれば，戦前の軍国主義的・超国家主義的教育との絶縁を明確にし，戦後教育の指導理念を提示する必要があったことを認める「歴

史的事情説」も説得力があるといえる。実際，当時旧教育基本法の法案作成の中心人物であった田中耕太郎（文部大臣）は以下のように教育目的の実定法化を論じている。「如何に教育思想が混乱し不明確であるにしろ，道徳の徳目や教育の理念に関する綱領のごときものを公権的に決定発表することは，国家の任務の逸脱である。」[14] さらに，田中は法定された「人格の完成」に対する具体的解釈権は自己の見識により教育哲学的解釈を行う教育者と自然法的教育権をもつ親にあると述べている。その意味では，当時において教育目的の法定化は時代の要請による例外的特殊事情であったと解することができる。

　以上のことを考えれば，今回の教育基本法の改正にみられる教育目標の法定化には大きな問題があるといえよう。それは，大きくは教育論上「教育目標」に規定された内容が「人格の完成」という教育原理を越えて，「あるべき国民像」「望ましい国民像」といった国家の構想する人間の範型を求めていることにある。そのことは，極端には「日本人」という法的定義により，国民（大人も含めて）をある種の教育パターナリズムに押し込めることになる。そのことは，戦後から現在まで個人（人格）の発達と個性を重視し，その多様性を認めたわが国の教育原理に反する。また，立法論上やはり教育理念の法定化は慎重でなければならない。いかにその教育理念が共通に価値として承認されるものであったとしても，その価値を公権力の手で強制的に教育を通じて内面化することには法的問題性がある。そのことは，過去の教育勅語や旧教育基本法の事例が証明している。

　もちろん，改正教育基本法に国家による新しい教育目的（目標）が規定されたからといって，それがただちに法的な拘束力や規制力をもつものではない。特に，準憲法的性格をもつ教育基本法は一般法と比べてその規定内容は抽象的であり，「訓示」的であり，ある意味で理念法としての要素が強い。しかし，今回の教育基本法の改正はそうした同法の法的性格自体も大きく変化させた点に留意する必要がある。それは，具体的には，同法（第17条）に新たに中央政府および地方政府による「教育振興基本計画」の策定を規定し，さらに同法（第18条）に「この法律に規定する諸条項を実施するため，必要な法令が制定され

なければならない」と規定したことである。つまり，この2つの条項により新しい教育基本法に規定された条項は，教育関連法により具体化されるとともに，文部科学省及び教育委員会の「教育振興基本計画」により実行される形となった。実際，教育基本法の改正の後，その改正の具現化のため教育関連法（「地方教育行政の組織及び運営に関する法律」「学校教育法」「教育公務員特例法」等）の改正が進行するとともに，文部科学省は教育振興基本計画を制定した。こうした点により改正教育基本法は従来の「教育理念法」から「教育改革法」に変化し，法としての性格を大きく変えた。その意味では，教育基本法の改正による教育の法化の問題は，教育関係法の改正を促し多くの教育法が政策法化された点にあるといえる。以下，その詳細は各論において検討することになる。

【篠原　清昭】

注

（1）　世取山洋介「新教育基本法の国会審議の分析」教育学関連15学会共同公開シンポジウム準備委員会編『新・教育基本法を問う』学文社，2007年，16-17頁。
（2）　市川昭午編著『教育基本法』（リーディング日本の教育と社会4，広田照幸監修）日本図書センター，17-21頁。
（3）　中曽根康弘他「論争；教育とは何か」『文藝春秋』2002年，50頁。
（4）　市川『教育基本法』前掲，20頁。
（5）　日本教育法学会ニュース，第103号，2007年2月21日。
（6）　この図の作成及び分析に関しては以下の文献を参考とした。広田照幸「日本の教育と教育基本法改正問題」『新・教育基本法を問う』前掲，66-85頁。同『〈愛国心〉のゆくえ』世織書房，51-84頁。なお，広田の図では縦軸の構成要素は「国家」と「市場」となっているが，ここでは背景の新自由主義的展開の要素を外し，さらに国家主義と個人主義という教育思想の要素を重視して，「国家」と「個人」に設定した。なお，「市民社会」には伝統的な民主主義思想にもとづく「民主社会」から新しい公共性すなわち市民的公共性の創造を求める「市民社会」までの段階があるが，ここでは旧教育基本法を扱うことから前者のイメージに近い。
（7）　広田「日本の教育と教育基本法改正問題」『新・教育基本法を問う』前掲，70頁。
（8）　「漂流する日本をどう構築するか」日本青年会議所編『JC発「教育改革」待ったなし』ぱるす出版，2001年，25頁。
（9）　田中二郎「教育改革立法の動向（二）」『法律時報』第19巻6号，1981年，13頁。

(10) 永井憲一編『教育関係法』別冊法学セミナー基本法コンメンタール,日本評論社,1992年,21頁(「教育基本法第1条」の解説部分・森田明執筆)。
(11) 同上書,20頁。
(12) 広田「日本の教育と教育基本法改正問題」『新・教育基本法を問う』前掲,75頁。
(13) 成嶋隆「教育基本法の性格と『改正』問題の法的検証」『日本教育法学会年報』第31号,有斐閣,2002年,330-331頁。
(14) 田中耕太郎『教育基本法の理論』有斐閣,1961年,51頁。

第4章　学校制度と教育法

　わが国の学校教育制度はこれまで，文部科学省－教育委員会－学校というシステムにおいて，全国的に一律の基準が保持されてきたことに特色をもつ。しかし 1990 年代後半以降，学校の特色化や特別なニーズへの対応が求められるようになり，さらに 2001 年以降においては，規制緩和・自由化の実現を目指す教育改革が急速に進行する中で，学校制度の根幹を規定してきた多くの法規が改正されている。そこでは，構造改革特別区域法などにみられる学校制度における限定的な改革を中心としながら，既存の公教育の制度全体の再編を進める動きが急速に展開してきている。

　本章では，学校設置および学校設置基準にかかわる近年の法改正の動向と，構造改革特別区域法に焦点をあて，学校設置の自由化をめぐる法の改正について考察する。

第1節　学校の設置者に関する法制

　わが国の教育法制では長らく学校の設置主体を，国・地方公共団体・学校法人の三者に限定してきた。教育基本法では今日まで，学校教育について定めた第6条1項において新法・旧法ともにそれを規定してきた。これは，学校教育は国民の「教育を受ける権利」（日本国憲法第 26 条 1 項）を保障するものであり，学校教育においてはその「公共性」が確保されなければならないという考え方にもとづく。教育基本法における規定を比較してみる。

　上に示すように新・旧教育基本法においては，学校教育のもつ「公の性質」と，設置主体として「国」「地方公共団体」「法律に定める法人」を規定してい

表 4.1

教育基本法（旧法）	教育基本法（新法）
第6条（学校教育） 法律に定める学校は、公の性質を<u>もつ</u>ものであって、国<u>又</u>は地方公共団体<u>の外</u>、法律に定める法人のみが、これを設置することができる。	第6条（学校教育） 法律に定める学校は、公の性質を<u>有する</u>ものであって、国、地方公共団体<u>及び</u>法律に定める法人のみが、これを設置することができる。

（下線筆者）

るという趣旨においては共通性をもつが、条文全体が示す「公共性」の意味が大きく転換していることを指摘できる。第1に、「公の性質」について新法において「有する」と表現されたことには、学校教育の「公共性」を幅のあるものとして捉える新しい視点がみられる。第2に、学校の設置主体としての「国」、「地方公共団体」、「法律に定める法人」の三者が並列の表記となったことからは、従来の、教育行政主導の制度としてのみ学校教育を捉えるのではなく、「法律に定める法人」の拡大をはじめとした多様な設置者を想定したものであることを指摘できる。

このような教育基本法の改正を受けて、学校の設置者について直接規定している学校教育法においても「学校は、国、地方公共団体及び私立学校法第3条に規定する学校法人のみがこれを設置することができる」（学校教育法第2条）という表記上の修正がなされた。

このように、将来的な学校設置形態の多様化を想定した教育法規の改正は、第1には、1990年代後半以降の学校の特色化や特別なニーズへの対応、第2には、2001年以降の経済界からの要求を背景とした学校設置への民間参入の拡大を改革の契機としており、共通に、画一化した学校制度において規制緩和を推進することを目的とし、特に後者は、経済財政諮問会議・総合規制改革会議等の内閣府による教育政策を中心に急速に展開してきている。そこでは、既存の学校制度において学校設置を限定してきた法規範を前提としながら、同時に、構造改革特別区域法の制定（2004年12月）以降、「教育特区」において株式会社による学校設置を試行的・限定的に開放することとなった。しかし、構造改革特別区域制度は単なる試行的・限定的な事例を提供するという意味にと

どまらず，教育特区における事例を既存の学校体系にどう位置づけていくかという新たな課題を生み出し，現行の学校制度の再編化を迫るものとなっている。

第2節　学校の設置基準に関する法制

　学校の設置者の規制緩和を目指す教育改革は同時に，既存の学校の設置形態にも変容を求めてきており，特にそれは，従前において共通の水準に整備することを重視してきた義務教育としての小学校と中学校の設置に関する学校制度に変化をもたらすこととなった。

　わが国の教育法体系において，高等学校設置基準（1948年）および幼稚園設置基準（1956年）は既に位置づけられているが，長らく小学校と中学校の設置に関しては，独立した基準が制定されてこなかった。そこには大きく，小学校と中学校は，学校教育法第38条・62条において市町村に設置を義務づけていることと，独立した設置基準に代わるものとして，学校教育法，学校教育法施行規則等が実質的には機能していたという2つの理由がある。しかしこのことが，公立学校においては学校の設置における特色化と水準の向上を阻害し，私立学校においては設置そのものを困難にするという状況をもたらしていた[1]。

　教育改革国民会議「教育を変える17の提案」（2000年12月）とこれを受けた文部科学省「21世紀教育新生プラン」（2001年1月）では，これまでの教育法体系において独立して制定されてこなかった小学校設置基準および中学校設置基準を明確にすることが求められ，2002年の制定に至った。小学校設置基準は総則において以下の内容を定める。

> 第1条（趣旨）　小学校は，学校教育法その他の法令の規定によるほか，この省令の定めるところにより設置するものとする。
> 2　この省令で定める設置基準は，小学校を設置するのに必要な最低の基準とする。
> 3　小学校の設置者は，小学校の編制，施設，設備等がこの省令で定める設置基準より低下した状態にならないようにすることはもとより，これらの水準の向上を図ることに努めなければならない。

制定の趣旨について，文部科学事務次官「小学校設置基準及び中学校設置基準の制定等について（通知）」（2002年3月29日）においては，「私立学校を含め多様な学校の設置を促進する観点から，設置基準を小学校等を設置するのに必要な最低の基準として明確化するとともに，地域の実態に応じた適切な対応が可能となるよう，弾力的，大綱的に規定する」ことが説明されている。しかし，学校の設置基準に関する法の整備が，学校の設置者の多様化を促進することになるのか否かについては，慎重な評価が必要であろう。

第3節　教育特区における学校の民営化

　学校制度にかかわる法制として，学校の設置者に関する法制と学校の設置基準に関する法制について検討してきた。わが国では学校の設置者が「国・地方公共団体・学校法人」の三者に長らく限定されてきたが，これまで特に義務制学校において低調であった学校法人による学校設置の推進を含んだ設置主体の多様化を実現するための法整備が進められつつある。教育の規制緩和・自由化において，現在，世界の先進国における政策の中心となっているのが学校の民営化である。日本においても同様に，1990年代後半以降，学校の特色化や特別なニーズへの対応が求められるようになり，さらに2001年以降においては，経済界からの要求を背景とした規制緩和・自由化の実現を目指す教育改革が急速に進行してきている。経済界の要求を背景とした内閣府主導教育改革においては，これまでわが国の学校制度において重視されてきた全国一律の基準が画一的な教育という弊害を生み，多様なニーズに対応できなくなっていることが指摘され，設置主体の多様性を認めることによって競争と評価にもとづく公教育制度を実現することが提案されてきた。しかし一方に，わが国の学校教育制度はこれまで，文部科学省―教育委員会―学校という教育行政システムにおいて継続的・安定的な供給が実現してきたという捉え方があり，日本における学校の民営化政策は現在に至るまで，試行的・限定的なものとして展開してきたといえる。

ここでは，規制緩和・自由化の教育改革の中で学校の民営化政策の方法として展開してきた構造改革特別区域をめぐる法の構造について考察したい。

　構造改革特別区域とは，「地方公共団体が当該地域の活性化を図るために自発的に設定する区域」（構造改革特別区域法第2条）であり，その目的は，「地方公共団体の自発性を最大限に尊重した構造改革特別区域を設定し，当該地域の特性に応じた規制の特例措置の適用を受けて地方公共団体が特定の事業を実施し又はその実施を促進すること」（第1条）とされる。この構造改革特別区域は，2001年以降の総合規制改革会議と経済財政諮問会議における議論を受けた「経済財政運営と構造改革に関する基本方針2002」において導入が提案され，同法の制定に先立って2002年7月に内閣府に設置された構造改革特別区域推進本部では，地方公共団体等による特区提案の募集を同年8月より開始した。この第一次提案において認定を受けたプログラムを実際に制度化するための法整備として，同年12月の構造改革特別区域法の制定に至った。同法は，「第一章　総則」および「第二章　構造改革特別区域基本方針」において制度の目的や方針について定め，「第三章　構造改革特別区域計画の認定等」において，地方公共団体が構造改革特別区域計画を作成し，内閣総理大臣がその認定を行うための手続きについて規定している。「第四章　法律の特例に関する措置」においては，特区において認定された計画のうち，法律の改正が必要なものについて関係法規の特例が定められた。

　学校設置とかかわる計画が認定されたのは2003年8月の第2次認定である。認定に先立った同年5月30日の構造改革特別区域法改正において，学校教育法第2条による従来の学校設置者としての「国，地方公共団体，学校法人」以外の株式会社と特定非営利活動法人（NPO）による学校設置が可能となった。しかし構造改革特別区域においては，自由な学校設置が可能とされたわけではなく，両者に対して改正法では，認定申請が可能となる学校設置の要件として以下にみられるような限定的な内容を示した[2]。

　具体的には，株式会社に対して，「地域の特性を生かした教育の実施の必要性，地域産業を担う人材の育成の必要性その他特別の事情に対応するための教育ま

たは研究」(構造改革特別区域法第12条の1)を行う場合に,また,特定非営利活動法人(NPO法人)に対して,「学校生活への適応が困難であるため相当の期間学校を欠席していると認められる児童,生徒若しくは幼児又は発達の障害により学習上若しくは行動上著しい困難を伴うため教育上特別の指導が必要であると認められる児童,生徒若しくは幼児」(第13条の1)を対象とする場合である。加えてNPO法人に対しては,「当該構造改革特別区域に所在する学校の設置者による教育によっては満たされない特別の需要に応ずるための教育を特定非営利活動法人の設置する学校が行うことにより,当該構造改革特別区域における学校教育の目的の達成に資する」ことを求めている。

　構造改革特別区域法におけるこれらの規定をみる限り,同法の制定によって株式会社とNPOという学校設置者の拡大は達成されたものの,そこには,提供する教育内容を著しく限定する規制が機能していることを指摘できる。すなわち株式会社やNPO法人が,既存の学校とりわけ公立学校に類似した学校を設置することを困難にしており,このことは,教育サービスの消費者としての児童・生徒を同時に限定することにつながる。株式会社やNPO法人が設置する学校は,学校法人と比較した場合,私学助成や優遇税制が行われないことを考慮すると,構造改革特別区域において設置した学校のもつ,既存の公立学校や私立学校との設置や経営の前提条件における差異は明らかである[3]。

　わが国における学校の民営化の制度的位置づけは,構造改革特別区域の導入において始まったといえるが,新しい学校設置者による学校やそれを規定する制度自体が,既存の公立学校や私立学校に対して,どのような意味性をもつものであるかは検討を要する。構造改革特別区域法には,制度そのものに内在する限定性に加えて,設置する学校において提供可能な教育内容と対象児童生徒の限定性を指摘できる。構造改革特別区域法はむしろ,新しい学校設置者に対して,既存の制度の範囲で十分に対応できないニーズへの周辺化を求めたといえる。構造改革特別区域法そのものが地域や地方自治体をその計画の主体として設定していることを鑑みると[4],他の分野と比較して「教育特区」には,地方自治体および既存の学区や学校との関係において,民間の新しい学校設置

者が参入することの困難さを制度上前提とした改革であったと説明することも可能であろう。

次節では，構造改革特別区域法にもとづいて，「教育特区」において新しい学校設置者による学校がどのように設置・運営され，それらがどう評価されたかを分析することで，わが国における学校の民営化の到達点とそこにおける課題を明らかにしたい。

第4節　わが国における学校の民営化の到達点

構造改革特別区域法の改正において，教育特区において株式会社およびNPO法人による学校設置が可能となった。現在までに設置されたのは，株式会社による小学校1校，中学校1校，通信制高校19校，大学・大学院6校である[5]。NPO法人による学校設置の例はいまだみられない[6]。特区の件数からも，既存の学校制度を堅持した上で新しい学校設置者には特別なニーズへの対応を求め，「競争」ではなくある意味での「住み分け」をしようという文部科学省の政策意図がうかがえる。

実際，文部科学省は特例措置の認定を受けた学校を対象に，2008年に「学校設置会社による学校設置事業」の評価を実施したが，その判断は，全国展開の可能性を検証する段階に至っていないというものであった。その理由として，義務教育段階においては事例が少ないため弊害の有無について分析する材料を欠くこと，高等学校・大学・大学院においては赤字の事例が多い[7]ことと教育・研究の質における課題が多いことが指摘された。また，いずれの学校種においても，株式会社が本来もつ流動的かつ不特定多数の株主の利潤追求に基づく意思決定と，学校経営に求められる継続性・安定性の確保とをいかに両立させるかについての検証が十分でないことが説明されている[8]。

このように，わが国における学校の民営化の一手法としての学校設置における株式会社の参入は，構造改革特別区域における試行的・限定的な実施を経て，制度としての一定の限界点を示す結果となった。その限界点は，設置者として

の株式会社にとっては構造改革特別区域法の下での実施であるがゆえの参入の困難さであると捉えられたかもしれない(9)。しかし，構造改革特別区域法における学校設置者に対する規制を，既存の学校制度の公共性を保持するための規制と捉えることは，わが国における学校の民営化の改革動向を理解するのに有効な視座ではないだろうか。近年の教育改革の全体的動向と同じく，学校設置の規制緩和・自由化を目指す教育改革においても，経済界や内閣府に対して，従来の規制を堅持してきたのは，既存の学校制度のもつ公共性を重視しようとする文科省サイドであった(10)。構造改革特別区域法のもとで実施された限定的な学校の民営化は，既存の学校制度の公共性を保持した上での部分的な学校の民営化であると捉えることが可能であり，長く公教育における高い「公共性」を保持してきたわが国にとっては，試行的な実践にとどまらない，現実の教育社会において実現可能な改革としての価値をもつともいえる。

【生嶌　亜樹子】

注
（1）　たとえば教育改革国民会議では，公立学校を「お客が来ることが決まっているまずいレストラン」と評し，小学校および中学校の設置基準の明確化においても，私立学校を設置しやすくすることをその目的の1つとして掲げている。
（2）　改正法においては，認可を受けて学校を設置することができる株式会社および特定非営利法人そのものについても，以下のような適合要件を示している。

> 構造改革特別区域法第12条（学校教育法の特例）　2　前項の規定により学校教育法第4条第1項の認可を受けて学校を設置することができる株式会社は，その構造改革特別区域に設置する学校において，地域の特性を生かした教育の実施の必要性，地域産業を担う人材の育成の必要性その他の特別の事情に対応するための教育または研究を行うものとし，次に掲げる要件のすべてに適合していなければならない。
> 　一　文部科学省令で定める基準に適合する施設及び設備又はこれらに要する資金並びに当該学校の経営に必要な財産を有すること。
> 　二　当該学校の経営を担当する役員が学校を経営するために必要な知識又は経験を有すること。
> 　三　当該学校株式会社の経営を担当する役員が社会的信望を有すること。
> 第13条　2　前項の規定により学校教育法第4条第1項の認可を受けて学校を設置することができる特定非営利活動法人は，その構造改革特別区域に設置する学校において，

不登校児童等を対象として，当該構造改革特別区域に所在する学校の設置者による教育によっては満たされない特別の需要に応ずるための教育を行うものとし，次に掲げる要件のすべてに適合していなければならない。
一　文部科学省令で定める基準に適合する施設及び設備又はこれらに要する資金並びに当該学校の経営に必要な財産を有すること。
二　当該学校の経営を担当する役員が学校を経営するために必要な知識又は経験を有すること。
三　当該学校株式会社の経営を担当する役員が社会的信望を有すること。
四　不登校児童等を対象として行う特定非営利活動促進法第2条第1項に規定する特定非営利活動の実績が相当程度あること。

（3）　この点，私学助成と優遇税制に関しては，株式会社やNPO法人が特例措置の提案募集において私学助成の適用拡大を提案し続け，総合規制改革会議第三次答申（2003年12月）においても，教育サービスを受ける国民の法の下の平等と，設置形態の異なる学校の競争条件の同一化の実現を求めて同様の主張を行っている。これに対して文部科学省は，①新たな財政措置をしないのが特区制度の基本であること，②憲法第89条に規定される「公の支配」に属している私立学校のみが私学助成の適用対象であるとの解釈を示し，現在まで新たな学校設置者に対する私学助成および優遇税制の適用は行われていない。
（4）　構造改革特別区域の目的として，「経済社会の構造改革を推進するとともに地域の活性化を図り，もって国民生活の向上及び国民経済の発展に寄与すること」（構造改革特別区域法第1条）が掲げられており，構造改革特別区域とは「地方公共団体が当該地域の活性化を図るために自発的に設定する区域」（第2条）をさす。
（5）　NPO法人による学校設置がみられない背景として，「新たな民間事業者による学校の設置」とほとんど同時に認定された「学校法人の校地・校舎の自己所有を要しない小学校等設置事業」という特区制度の特例措置がある。NPO法人にとっては，この特例措置を活用し学校法人になることに財政上のメリットがより大きかったといえる。この特例措置は，特区において問題がなかったと評価され，2007年に全国的な規制緩和となる。
（6）　例えば，全国初の株式会社立学校として2004年に岡山県に設置された朝日塾中学校の設置主体は，当時すでに学校法人を取得していた「株式会社朝日塾」である。学校法人立の中学校を計画したところ，県の私立学校審議会から多額の自己資金を求められ設置が困難になったことから，開校時においては上記注（5）の「学校法人の校地・校舎の自己所有を要しない小学校等設置事業」の特例措置を活用しながら株式会社立としての設置に至った。過疎化が進行しつつある地域を活性化したいという地元の希望等も受けながら設立となり，農業体験や紙漉き体験などの地域の特色を生かした学習活動も行われている。
（7）　大学・大学院のうち1校は2008年に学校事業から撤退している。
（8）　文部科学省『「学校設置会社による学校設置事業」調査結果（平成20年度）』2008年

12月18日。
（9）「学校の民営化における効率性と公正性に関する実証的研究」（代表：榊達雄）において 2008 年に教育関連企業を対象に実施した調査では，学校教育を魅了的な市場であると捉えているが，参入を阻害する要因として規制の多さを挙げた企業が多く存在した。
（10）　現代の教育改革の特徴については，篠原清昭「学校経営改革の思想と構造」『スクールマネジメント―新しい学校経営の方法と実践―』ミネルヴァ書房，2006 年。

第5章　学校経営と教育法

第1節　学校経営の実定法化

1　学校経営の法制

　学校教育目標を達成するための営みにおいて、その経営の条件である人（Man）・物（Material）・金（Money）・運営（Management）は、「4M」条件と呼ばれ、それらの作用の実態は、内部法規範としての学校慣習法を中心に、教育行政法、教育判例などが構造的に規定している。学校経営の法規範は、(A)間接教育活動関係規程（校務分掌規程、服務規程、職員会議規程など）、(B)直接教育活動関係規程（教授組織（学年会・教科会・研究会等）に関する規程、生活指導規程など）、(C)学校関連規程（学校参観規程、PTA関係規程など）等から成っている[1]。

　今日でも確定していない学校経営の法的な問題として、教育課程の編成権は誰が持っているか、学校教育の中立性とは何か、教育内容・方法は条件整備の対象ではないか、などの点がある。これらの問題は、実定法解釈において、長い間論争的な課題であり、法科学的な問題としては必ずしも解明されてこなかった。しかし、学校現場の法的問題の多くは、経験的な蓄積やその時々の方法で判断されて処理されてきた。これが、「生きた法」としての学校内部規程＝学校慣習法である。例えば、学校経営組織の全体構造とか、学校経営計画、学校要覧についての実定法上の明確な規定はなく、それらは学校慣習法的な位置づけや教育条理法上の位置づけを与えられて、学校内部で機能している。

2　学校経営法制化の背景

　1980年代に端を発した学校経営改革では、90年代に地方分権化が本格化し

たことを受けて、学校の裁量権が拡大した。1998年9月には、中央教育審議会から答申「今後の地方教育行政の在り方について」が出された。1999年、地方分権一括法が実施され、2000年には、学校教育法施行規則の改正により、「これからの学校が、より自主性・自律性を持って、校長のリーダーシップのもと組織的・機動的に運営され、幼児児童生徒の実態や地域の実情に応じた特色ある学校づくりを展開することができるよう」（文教地第244号、2000年1月21日）に、校長・教頭の資格要件の緩和、校長権限の強化、職員会議の補助機関化、学校評議員制度の導入といった改革が行われた。これらの具体的な内容は、各自治体が学校管理規則で定めている。

　しかし、それらの制度改革は、必ずしも地域や学校の権限の拡大として見られるわけではない。1980年代以降の学校経営を支える法制の枠組みは、国家が、学校経営や子育てのような教育自治領域に介入しようとする過程としても捉えられる[2]。新自由主義的な教育制度の推進の中に、従来の捉え方でいえば「さらなる国家統制」と「自治の拡大」という対立する価値の実現を見るような葛藤を内包しており、新しい学校経営のスタイルは一義的に解釈することができない。

　地方分権時代において、全国各地域で取り組まれている学校経営改革は、法制化や政策立案に先行したかたちで進んでいる。むしろ、地域から動いている教育改革の流れを、後追い的に実定法として法制化・政策化するような流れが目立ってきている。しかし、それらは、選択的になされるため、必ずしも地域による活動を支援する法制化ではなく、結果として地域の活動を抑制・排除する論理として働きかねない構造も持っている。

　児童生徒の代表まで含んで学校協議会を設置する学校や、学習指導要領の方針が転換する以前から基礎学力形成の取り組みで実績を上げてきた学校がある。しかし、追ってそれらを法制化する中で実現するものは、児童や教職員を構成員とはしないような、権限や活動の限定された学校評議員制度であったり、性急な学習指導要領の見直しであったりするため、学校現場の運営は急速な対応を迫られ翻弄されている。

1980年代以降，それまで教育制度改革に中心的な役割を果たしてきた文部科学省（旧文部省）を超えた勢力による立法の意思が現れるようになった。現時点でのそれらは，施策によっては文部科学省の意図と対立し，必ずしも制度改革に対して国は一枚岩ではない。1980年代に臨時教育審議会が教育の自由化をめぐる議論を行ったとき，ラジカルな主張は現実的な直接の制度改革までには至らなかった。教育改革国民会議や教育再生会議以降，それらから発せられる教育制度改革の提案を取捨選択するだけの力を中央教育審議会は発揮できていない。むしろ，次々と繰り出される強力な制度改革の辻褄合わせや後追い解説に追われているように見える。

以下，学校経営の具体的な組織と方法についての制度改編＝学校経営の法化について見てみる。

第2節　学校経営の組織

1　職員会議の法制化

1998年の中教審答申「今後の地方教育行政の在り方について」を受けて，2000年の学校教育法施行規則の改正により，職員会議が規定された。職員会議の性格をめぐっては，学校の議決機関，校長の諮問機関あるいは校長の補助機関と見解が分かれ，議論があった。施行規則の改正に伴い，職員会議については次のように定められ，補助機関としての性格が明確にされた。

> 学校教育法施行規則第48条　小学校には，設置者の定めるところにより，校長の職務の円滑な執行に資するため，職員会議を置くことができる。
> 2　職員会議は，校長が主宰する。
>
> （幼稚園（第39条），中学校（第79条），高等学校（第104条），中等教育学校（第113条），特別支援学校（第135条），専修学校（第189条），各種学校（第190条）に，それぞれ準用）

文科省通知（文教地第244号，2000年1月21日）によれば，職員会議は，学校運営に関する校長の方針や教育課題への対応方策についての共通理解を深めたり，情報交換を行ったりして，職員間の意思疎通を図る上で重要な意義を有するが，法令上の根拠が明確でないことなどから，本来の機能が発揮されない場合，校長が職責を果たせない場合があった。このため，職員会議の運営の適正化を図る観点から，その意義・役割が明確にされた。

新しい規定においては，学校における校長の強い権限と責任が確認されることになった。しかし，職員の同意がないままに経営方針を決め，それに沿って運営を進めることは事実上不可能である。通知には，校長の権限の強化とともに，「学校の教育方針，教育目標，教育計画，教育課題への対応方策等」多岐にわたって「職員間の意思疎通，共通理解の促進，職員の意見交換などを行うことが考えられること」，学校の全職員の参加や，企画委員会や運営委員会の積極的活用が留意点として挙がっている。

校長の権限強化は，滞りなく職員会議を運営していく責任を同時に意味しており，学校経営の成果についての校長の影響力は相対的に強化された。学校経営の成否は，校長にかかっているともいえる。問題は，このような法化が，学校経営の成果を高める方向に働くか，という点にある。体制内部に健全な批判者や異質なものを抱えることのできない組織は，全体として力を強化できないし，状況の変化に柔軟，敏感に対応することも容易ではない。組織内の意見の対抗を不用意に取り除く方法は，経営組織の硬直化につながりかねない。個々の教職員の士気が高まり，それぞれの職員が最大限の力を発揮して，学校としての総合力が高まるという視点からの職員会議運営が求められているところを法化の本質と考える必要がある。

2　学校評議員制度の導入

1998年の中教審答申を受けて，2000年，学校教育法施行規則に学校評議員の設置が定められた。

> 学校教育法施行規則第49条　小学校には，設置者の定めるところにより，学校評議員を置くことができる。
> 2　学校評議員は，校長の求めに応じ，学校運営に関し意見を述べることができる。
> 3　学校評議員は，当該小学校の職員以外の者で教育に関する理解及び識見を有するもののうちから，校長の推薦により，当該小学校の設置者が委嘱する。
>
> （幼稚園（第39条），中学校（第79条），高等学校（第104条），中等教育学校（第113条），特別支援学校（第135条），専修学校（第189条），各種学校（第190条）に，それぞれ準用）

　このような学校評議員は，「学校が地域住民の信頼に応え，家庭や地域と連携協力して一体となって子どもの健やかな成長を図っていくためには，今後，より一層地域に開かれた学校づくりを推進していく必要がある。こうした開かれた学校づくりを一層推進していくため，保護者や地域住民等の意向を把握・反映し，その協力を得るとともに，学校運営の状況等を周知するなど学校としての説明責任を果たしていく観点から」（文教地第244号）設置された。
　一方，「これに類似する仕組みを既に設けている場合，今回の省令改正により，これを廃止又は改正する必要はない」（同前）とされ，それ以前に設けられていた学校運営参加の仕組みは，「学校評議員類似制度」として実定法上の枠組みからは厳密にははずされた。
　学校評議員の設置状況についての文部科学省調査では，2006年段階でほぼ全国的にこの組織が広がっていることが確認されている。公立学校においては，高等学校では9割を超え，小・中学校でも9割に迫る数の学校が，学校評議員を設置している。幼稚園は35％台で浸透度は必ずしも高くない。また，調査報告では，「類似制度」を含む数が報告されている。類似制度は，地域に偏って見られるもので，類似制度を持っている学校の割合は，東京都，大阪府，高知県，川崎市，横浜市，広島市では100％，大阪市で22％，と一部の自治体に偏在し，その他いくつかの自治体で若干数が見られるにとどまる。

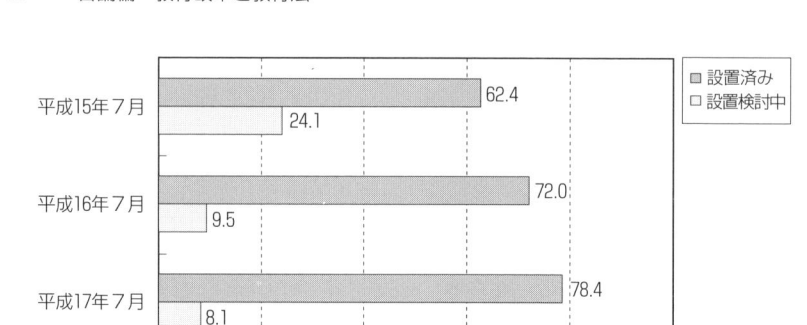

(注)「学校評議員類似制度」＝趣旨や目的が学校評議員とほぼ同じ制度のうち，学校評議員制度の要件を一部満たしていない制度

図 5.1 公立学校における学校評議員（類似制度を含む）の設置状況（全公立学校種合計）
「学校評議員制度等及び学校運営協議会設置状況調査結果（平成 18 年 8 月 1 日現在）」
2007（平成 19）年 3 月 28 日

3 実定法外の組織の有効性

　類似制度のように実定法上の規定を外れた仕組みをどう考えるべきかという課題がある。学校評議員類似制度や，教育的決定を行ってきた（省令の規定を超えた）「慣習法的職員会議」である。地域や学校の実情にふさわしい学校運営参加の仕組みが学校慣習法的に模索される余地があったことは意味のあることであった。実定法の中に進められる政策と，それに収まりきらない現実の地域学校経営の齟齬を解消するためには，法制上のさらなる議論が必要になる。

　いくつもの自治体において，学校評議員の制度化に先立ってつくられた「類似制度」が高く評価されている。埼玉県鶴ヶ島市の学校協議会や，長野県上田六中の四者（生徒・父母・地域・教職員）会議などは，それぞれの地域や学校における必要から立ち上げられた組織である。それらの組織では，学校評議員の規定の枠を超えるメンバーを擁している。その構成員には，単に「校長の求めに応じ」「意見を述べることができる」という程度の内容ではなく，もっと積極的な役割が期待されている。

昨今の学校経営に関わる制度改革においては，教員の重層的な組織編制のように，地域で先行する制度改編を全国化するという方向での法化の流れを見ることができる。学校評議員について見ると，法化された内容は，限定的であって，多様に展開する地域の実状を包括するような内容にはなっていない。

従来から学校には，PTA，職員会議，児童会・生徒会など構成員により学校運営の諸事項にかかわる意見の交換に利用できる組織が存在している。学校の重大な問題に対して集まったPTAの集会で話し合われる内容は，学校経営に対して多大な影響を与えることになるし，教職員や児童生徒の意見をきちんと取り入れない学校経営の実践はうまく機能しない。学校経営のための組織づくりは，現実的には，各学校において，既存の組織を捉え直すことから進められる必要がある。地域とのかかわりにおいても，基本的には「個人として意見を述べる」制度として設定された学校評議員が，対外的な説明責任を果たすための相手として十分であるとは考えにくい。

4　学校の裁量権の拡大と学校運営協議会

教育改革国民会議で議論された「コミュニティ・スクール」（2000年12月同会議報告），中教審答申「今後の学校の管理運営の在り方について」（2004年3月4日）による「保護者や地域住民が一定の権限を持って運営に参画する新しいタイプの公立学校」（＝地域運営学校）の提案を受けて，2004年6月地方教育行政の組織及び運営に関する法律が改正された。第47条の5により「学校運営協議会」が制度化され，9月より施行された。

> 第47条の5　教育委員会は，教育委員会規則で定めるところにより，その所管に属する学校のうちその指定する学校（以下この条において「指定学校」という。）の運営に関して協議する機関として，当該指定学校ごとに，学校運営協議会を置くことができる。
> 2　学校運営協議会の委員は，当該指定学校の所在する地域の住民，当該指定学校に在籍する生徒，児童又は幼児の保護者その他教育委員会が必要と認める者について，教育委員会が任命する。

3　指定学校の校長は，当該指定学校の運営に関して，教育課程の編成その他教育委員会規則で定める事項について基本的な方針を作成し，当該指定学校の学校運営協議会の承認を得なければならない。
4　学校運営協議会は，当該指定学校の運営に関する事項（次項に規定する事項を除く。）について，教育委員会又は校長に対して，意見を述べることができる。
5　学校運営協議会は，当該指定学校の職員の採用その他の任用に関する事項について，当該職員の任命権者に対して意見を述べることができる。この場合において，当該職員が県費負担教職員（第五十五条第一項，第五十八条第一項又は第六十一条第一項の規定により市町村委員会がその任用に関する事務を行う職員を除く。第九項において同じ。）であるときは，市町村委員会を経由するものとする。
6　指定学校の職員の任命権者は，当該職員の任用に当たつては，前項の規定により述べられた意見を尊重するものとする。
7　教育委員会は，学校運営協議会の運営が著しく適正を欠くことにより，当該指定学校の運営に現に著しい支障が生じ，又は生ずるおそれがあると認められる場合においては，その指定を取り消さなければならない。
8　指定学校の指定及び指定の取消しの手続，指定の期間，学校運営協議会の委員の任免の手続及び任期，学校運営協議会の議事の手続その他学校運営協議会の運営に関し必要な事項については，教育委員会規則で定める。
9　市町村委員会は，その所管に属する学校（その職員のうちに県費負担教職員である者を含むものに限る。）について第一項の指定を行おうとするときは，あらかじめ，都道府県委員会に協議しなければならない。

　答申の中では，次のように考え方が示された。地域社会が変容し，「地域の学校」という考え方が次第に失われてきた一方で，保護者や地域住民の側に，自分たちの力で学校をより良いものにしようとする意識が生まれつつある。各学校の運営に保護者や地域住民が参画することを通じて，学校の教育方針の決定や教育活動の実践に，地域のニーズを的確かつ機動的に反映させるとともに，地域ならではの創意や工夫を生かした特色ある学校づくりが進むことが期待される。学校評議員制度のような既存の枠組みを超えて，新たに保護者や地域住民が一定の権限と責任を持って主体的に学校運営に参加するとともに，学校の裁量権を拡大する仕組みを制度的に確立し，新しい学校運営の選択肢の1つと

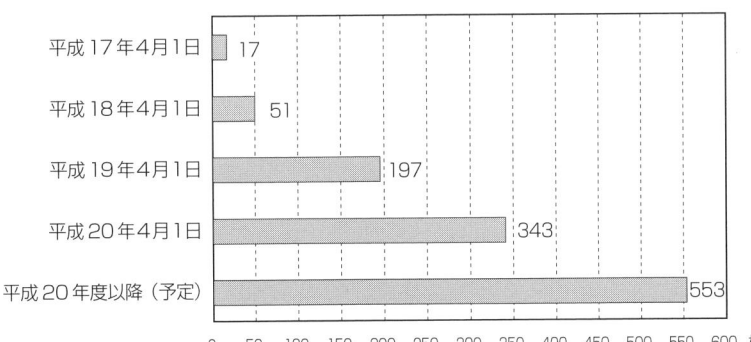

図5.2 公立学校における学校運営協議会制度（コミュニティ・スクール）の指定（予定状況）

日付	校数
平成17年4月1日	17
平成18年4月1日	51
平成19年4月1日	197
平成20年4月1日	343
平成20年度以降（予定）	553

（注）平成20年度以降の指定予定・検討状況は，平成20年2月1日現在の文部科学省調査による

文部科学省「コミュニティ・スクールの指定状況について」2008年5月19日

して提供することが必要である。

この制度はパンフレットでは，「地域住民，保護者等が，教育委員会，校長と責任を分かち合いながら，学校運営に携わっていくことで，地域に開かれ，地域に支えられる学校づくりを実現することを目指すもの」と説明されている。

法の規定によれば，学校運営協議会には次のような権限が認められている。①コミュニティ・スクールの運営に関して，教育課程の編成その他教育委員会規則で定める事項について，校長が作成する基本的な方針の承認を行う。②コミュニティ・スクールの運営に関する事項について，教育委員会又は校長に対して，意見を述べる。③コミュニティ・スクールの教職員の採用その他の任用に関する事項について，任命権者に対して直接意見を述べることができ，その意見は任命権者に尊重される。

2008年4月1日現在でコミュニティ・スクールとして指定されているのは，343校（幼稚園17園，小学校243校，中学校76校，高等学校3校，特別支援学校4校）で，指定している教育委員会は，29都府県，学校設置者別では2県63市区町村となっている。京都市110校，出雲市49校，岡山市35校，世田谷区22校，三鷹市19校で多数の学校が指定されている。

5　学校運営協議会への期待と課題

　コミュニティ・スクールは，地域住民の意見や要望を学校運営に反映するという程度のものではなく，法的な権限によって学校運営に参画することで，責任を共有する学校運営の主体として学校づくりを進めることにねらいがある[3]。

　この制度には，意思決定機能（＝学校運営協議会）と執行機能（＝校長）の分化によって，経営の暴走や不正を抑止し，改善や発展へとつなげられるという可能性があるとされる[4]。学校運営協議会には，方針の決定，地域ニーズの学校教育への反映，学校の活動のチェックなどの役割が期待されている。地域が学校づくりに対する一定の責任を負うという地域学校経営のモデルには一定の価値が認められる。本来的には，学校へのこのような地域の関与があれば，高いレベルの自立・自律的学校経営の可能性が想定できる。

　一方で，この制度が機能するに当たっては，現実には，教育課程編成や予算執行に関して各学校の自由が保障されていないことや，地域住民の経営力量の形成の問題を乗り越えられる支援体制が保障されなければならない。このような学校運営に強い権限と責任を背負うモデルは，強力な学校経営者としての校長や住民を想定している点で，一般に導入されたときに必ずしも期待通りの効果が得られるものではない。豊かな教育を保障できるのは，力量のある，かつ，資産や時間に余裕のある住民に恵まれ，一部の優秀な教職員が集まり，予算が重点配分される学校だけ，ということになりかねない。

　住民の意思が反映されるシステムは，何もコミュニティ・スクールだけではなく，一般の学校においても同様のことが必要となる。住民が権限と責任を持って学校運営に臨むというのは，ある意味理想的なモデルである。しかし，PTA活動への参加の低調さが示すように，日常の学校運営活動に参加して享受できる利益より，ノルマとして課される負担を厭う気持ちのほうが一般には強いのではないかとも推測される。

　住民が多くの負担とリスクを負って学校運営に携わる道を選択するというのは，どの程度期待できるものであろうか。例えば，学校選択の可能な地域においては，すでに選択するという行為の中に要求の反映が一定程度果たせるため，

学校運営の一翼を担いたいという動機付けは必ずしも得られないかもしれない。とくに不況によって人々の生活の安定が脅かされたり，消費者主義の浸透によって主体的な運営参加が阻まれたりする状況にあって，本来の豊かさを象徴するそのような活動に参加するだけの文化的素地も阻害されているかもしれない。

　法的には，これが学校運営参加の多様性の一局面として捉えられるのか，ということが問題とされる必要があるだろう。学校運営協議会制度は，まだ今のところ実践研究段階にあり，その行方を見極めるにはもう少し時間を要する。受け入れ状況には地域差があり，自治体に強い導入の意思のあるところに集中しており，今後急速に拡大する予兆はまだ見られない。

　地域による学校運営参画は，既成の枠組みではできないか，ということも問題にされなければならない。基礎学力重視の教育活動も，学校評議員類似制度としての学校協議会の設置も旧来の法制の中で実施されてきた。その意味では，学校運営協議会を法制化する必然性は必ずしも明確でない。

第3節　学校評価の法制化

1　学校の自己評価の導入

　学校経営の一連のプロセスをP（Plan：計画）→D（Do：実施）→C（Check：評価）→A（Action：改善）のマネジメントサイクルで捉え，学校の諸実践を改善していく学校評価は，特色ある学校づくりや学校運営に関する説明責任の遂行といった観点でも注目されてきた。具体的な評価の方法としては，協議一括方式，質問紙記述方式，チェックリスト方式などの方法が検討されてきた。

　1998年の中教審答申「今後の地方教育行政の在り方について」では，「6　地域住民の学校運営への参画」で，今後の具体的改善方策として，学校の自己評価が学校評議員の設置とともに取り上げられた。2002年の小・中学校の設置基準の制定に合わせて，幼稚園，小，中，高等学校設置基準において，「教育活動その他の学校運営の状況について自ら点検及び評価を行い，その結果を公表するよう努めるものとする」という自己評価規定が盛り込まれた。

これらを契機として，各地域の教育委員会や学校で，学校評価システムを構築する試みがなされた。チェックリスト方式や教職員・児童生徒・保護者等へのアンケート方式による意見聴取，学校評議員やホームページを活用しての学校評価情報の公開などの実践が積み重ねられ，評価方法の開発がなされている。2006年3月27日には，「義務教育学校における学校評価ガイドライン」が出され，具体的な学校評価の方法についての目安が示された。

2　学校教育法の改正

　学校評価は，2007年6月に，学校教育法の一部改正により，正式に法に位置づけられることとなった。なお，これに伴って設置基準の規定は削除された。

> 学校教育法第42条　小学校は，文部科学大臣の定めるところにより当該小学校の教育活動その他の学校運営の状況について評価を行い，その結果に基づき学校運営の改善を図るため必要な措置を講ずることにより，その教育水準の向上に努めなければならない。
> 　第43条　小学校は，当該小学校に関する保護者及び地域住民その他の関係者の理解を深めるとともに，これらの者との連携及び協力の推進に資するため，当該小学校の教育活動その他の学校運営の状況に関する情報を積極的に提供するものとする。
>
> 　（幼稚園（第28条），中学校（第49条），高等学校（第62条），中等教育学校（第70条），特別支援学校（第82条），専修学校（第133条）及び各種学校（第134条第2項）に，それぞれ準用）

　学校評価は，文部科学大臣が定めるところにしたがって実施されることとなった。学校教育法の規定を受けて，同法施行規則が10月に改正され，学校評価に関しては，次のように示された。

> 学校教育法施行規則第66条　小学校は，当該小学校の教育活動その他の学校運営の状況について，自ら評価を行い，その結果を公表するものとする。
> 2　前項の評価を行うに当たつては，小学校は，その実情に応じ，適切な項目を設

定して行うものとする。
　第67条　小学校は，前条第1項の規定による評価の結果を踏まえた当該小学校の児童の保護者その他の当該小学校の関係者（当該小学校の職員を除く。）による評価を行い，その結果を公表するよう努めるものとする。
　第68条　小学校は，第66条第1項の規定による評価の結果及び前条の規定により評価を行つた場合はその結果を，当該小学校の設置者に報告するものとする。

　（幼稚園（第39条），中学校（第79条），高等学校（第104条），中等教育学校（第113条），特別支援学校（第135条），専修学校（第189条），各種学校（第190条）に，それぞれ準用）

　今次の学校評価は，それまでの，設置基準に示された自己評価を主な内容としていた学校評価とは性格が異なる。学校教育法の条文に「文部科学大臣の定めるところにより」との一言が入れられたことで，その具体的な方法が施行規則で示されており，国が直接的に学校経営の枠組みを規定する仕組みになっている。

3　学校評価のガイドライン

　学校評価の方法をさらに詳しく説明した新しいガイドラインは，新たに高等学校も対象に加えて，2008年1月31日に改訂版として出された（3月24日には幼稚園のものも加えられた）。これによると，学校評価の目的は，次の点にある。すなわち，学校の裁量が拡大し，自主的・自律的な学校運営の可能性が高まる中，より良い教育活動を実現するためには，その水準向上への改善努力が学校ごとになされる必要があり，学校評価はそのための情報の収集や分析を目的とする。そこで得られた学校運営に関する種々のデータは，学校運営に協力する人たちとも共有される情報として活用される。

　学校は，教育活動や学校運営の目指すべき目標を設定し，達成状況を確かめることで，組織的・継続的な改善を図る必要がある。学校の評価結果を公開することは，学校の説明責任を果たすことであると同時に，保護者や地域住民との協力に基づく学校運営を促進する。学校の設置者は，学校評価の結果を受けて，学校に対する支援・条件整備の措置を講じ，教育の水準確保と向上に貢献

することが求められる。

新しい学校評価の枠組みは、以下の3本立てで考えられている[5]。

まず、学校の教育活動について、児童生徒や保護者・地域住民に対するアンケートなどにより情報を収集し、学校の年間の教育活動について教職員が分析・考察し自己評価報告書を作成する。これを受けて、その自己評価結果が妥当なものであるかどうかを学校関係者による組織が検証する。一方、これらの学校に近いところにいる人たちが実施する評価（当事者評価）とは異なり、直接の利害関係を持たない人たちによって行われる評価（他者評価）には、学校評価に客観性を補うとともに、当事者だけでは気づかない学校の強みについて発見することも期待されている。

評価結果の公表に当たっては、改善方策も公表して、保護者や地域からの理解と連携を促す工夫が必要であるとされ、公表はPTA総会を活用した説明や学校のホームページ、地域広報誌に載せて、広く内容が知らされることが望まれる。

学校評価の結果報告を受ける設置者には、予算配分や人事措置などの学校支援・改善を行うとともに、学校評価に関する教職員・学校関係者の研修活動を充実させることが期待されている。

4　学校評価の広がり

全国的に実施されている学校評価についての調査が行われている[6]。これ

表5.1　学校評価の3つの枠組み

自己評価	校長のリーダーシップの下で、当該学校の全教職員が参加し、予め設定した目標や具体的計画等に照らして、その達成状況の把握や取組の適切さ等について評価を行う。
学校関係者評価	保護者（PTA役員等）、学校評議員、地域住民、接続する学校の教職員その他の学校関係者などの外部評価者により構成された委員会等が、当該学校の教育活動の観察や意見交換等を通じて、自己評価結果を踏まえて評価を行う。
第三者評価	当該学校に直接関わりを持たない専門家等が、自己評価及び学校関係者評価（外部評価）結果等を資料として活用しつつ、教育活動その他の学校運営全般について、専門的・客観的立場から評価を行う。

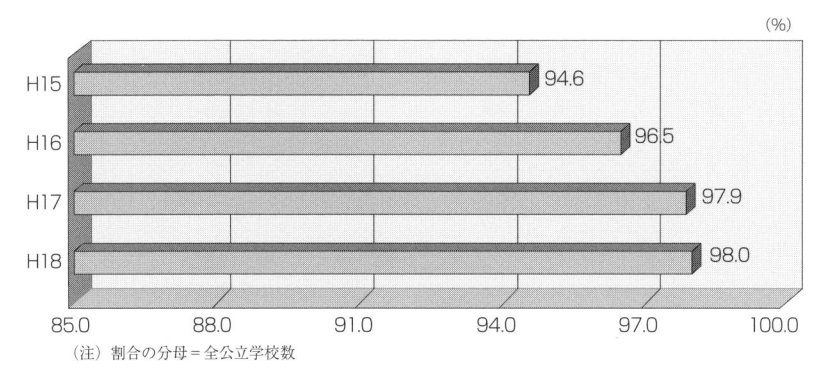

```
                                                              (%)
H15  ████████████████████████████████  94.6
H16  █████████████████████████████████ 96.5
H17  █████████████████████████████████ 97.9
H18  █████████████████████████████████ 98.0
     85.0      88.0      91.0      94.0      97.0      100.0
```
(注) 割合の分母＝全公立学校数

図 5.3　公立学校における自己評価実施率（学校教育法の改正以前の状況）

によると，2006年度には，全公立学校の98％が学校の自己評価を実施していた（幼稚園のみ85.7％と実施率がやや低い）。設置基準に自己評価が規定されてから間もない2003年度で，すでに9割を超える公立学校で実施されていたことから見ても，学校評価活動の浸透率は高い（図5.3参照。私立学校は54.7％）。

自己評価報告書を設置者に提出した割合は，提出した42.5％，未提出57.5％と半数にとどまっている（幼26.7％，小39.7％，中41.0％，高74.9％。私立学校47.1％）。また，自己評価結果を保護者に広く公表している割合は，公表45.2％，非公表54.8％であった（幼15.6％，小45.4％，中45.7％，高71.1％。私立学校14.2％）。その手段としては，学校便りを利用79.1％，ホームページを利用31.4％となっている。

学校関係者評価の実施状況としては，実施した49.1％，未実施50.9％である（幼22.1％，小50.2％，中51.2％，高69.3％。私立学校12.9％）が，学校教育法及び同施行規則による規定により，今後はその実施率が急速に高まることが予想される（この評価結果の公表率は公表38.7％，非公表61.3％，詳細は幼36.0％，小37.9％，中34.9％，高47.5％。私立学校30.9％）。

5　学校評価の問題点と展望

実際に各地で広く実践されるようになった学校評価には，一方で問題点とし

て次のようなものが考えられる。①学校評価過程での作業が煩雑で，学校評価の情報収集とその分析に当たる作業が，教職員への超過負担を強いる。②毎年の学校評価が同じような内容になって，マンネリ化の危険性がある。③学校評価への無関心や，逆に評価結果の先鋭化に対処する必要がある。④学校評価結果の扱いによっては，効果的な改善につながらない。

　実定法に示されない段階においても，日常的な評価活動は行われてきていた。法化は，形式としての学校評価を重んじることで，日常の形成的評価やインフォーマルな評価に相当する活動，それらを通しての連携・協力関係を損なうように働くことも考えられる。

　学校評価の目的は，学校の教育活動の改善にあるため，その主力となる教職員の意識を高め，実際の教育活動の活性化をもたらすものとなる必要がある。学校評価を有効なものとして機能させるためには，①評価のポイントを絞ったり評価資料収集の簡略化を行ったりして，評価作業の効率化・省力化を図る，②次期の計画に重点を置き，教職員や保護者の期待や士気を高める，といった工夫が必要である。

　法の運用段階においては，すぐれた評価方法の開発や評価者の訓練が肝要である。それとともに，評価と評価者の位置づけが法制上問い直される必要がある。施行規則の規定は，ガイドラインの示す評価の枠組みが前提になっていると考えられるが，そこに打ち出された学校関係者像は学校運営をチェックする消費者的な側面までしか描けておらず，学校の運営活動に積極的に参加する関係者像を示すことには十分ではない。一方で，そのような関係者の選択がいきなり学校運営協議会の構成員になるというものではない。学校評価関連の法規定を創造的に解釈していくことが望まれる。

6　学校経営の法制化関係

　学校経営の組織や方法についての法制化は，それぞれの出自と展開を異にしながら進行している。それぞれの制度は，独自の制度としては成立したものの，それら相互や他の制度との関連については，まだ明解でないところが存在する。

職員会議・学校評議員は，施行規則の改正で成立した。学校運営協議会は，法レベルでの改正として成立したが，現在のところその受け入れ方は，地域によって大きな差がある。学校評価は施行規則に規定されて全国展開し，短期間のうちに法の改正へと結びついた。

　教職員や保護者，地域住民の学校経営における権限と責任をめぐる組織役割関係は，法化によってなお多様な見方が存在し，模索されることとなっている。全国的に広がりを見せる学校評議員やその類似制度については，評議員の任命などで，これまでの学校と地域のつながり方を活かしている例も見られる。職員会議や学校評議員についての変化は，少なくとも仕組みの上では，劇的な変化を伴っていない場合も多いであろう。学校評価制度は，学校経営に関わる人的関係を教職員－学校関係者－第三者の段階や，［教職員－学校関係者］→報告⇔支援←教委という枠組みで捉えて，組織間に新しい関係をつくり出そうとしている。一方で，ガイドラインが提示する枠組みの評価関係は，学校運営協議会の場合の責任の共有の仕組みを必ずしも前提としていないようにも見える。

　一方，教職員組織内部には，新しい職の設置によって，重層構造が生まれる素地がつくられ始めた（第8章で後述）。これが経営組織として有効に機能するか，全国的に受け入れられる制度となるかは，今後の展開を注視する必要がある。

【笠井　尚】

注
（1）　高野桂一編著『学校のための法社会学』ぎょうせい，1993年。
（2）　篠原清昭「教育法の新しい考察枠組み」『日本教育経営学会紀要』第46号，2004年，および篠原清昭編著『学校のための法学（第2版）』ミネルヴァ書房，2008年。
（3）　初等中等教育企画課教育制度改革室「学校運営協議会とは」『教育委員会月報』2004年10月，3頁。
（4）　小島弘道「学校運営協議会について」『教育委員会月報』2004年10月号。
（5）　学校評価の推進に関する調査研究協力者会議「学校評価の在り方と今後の推進方策について（第一次報告）」2007年8月27日。
（6）　「学校評価及び情報提供の実施状況調査結果（平成18年度間）」2008（平成20）年5月26日。

第6章　教育課程と教育法

第1節　学習指導要領の改訂

1　教育課程法制の基本

　学校教育法によれば，「小学校の教育課程に関する事項は，第二十九条及び第三十条の規定に従い，文部科学大臣が定める。」（第33条）とされている（幼稚園25条，中学校48条，高等学校52条，中等教育学校68条，特別支援学校77条）[1]。教科及び標準授業時数については，学校教育法施行規則で示され（小学校50，51条。以下，中学校等同様），それ以外については，基準として文部科学大臣が公示する学習指導要領による（第52条）。また，施行規則では，授業や教育課程編成の特例などについても定めている。

　学習指導要領の総則には「各学校においては，教育基本法及び学校教育法その他の法令並びにこの章以下に示すところに従い，児童の人間として調和のとれた育成を目指し，地域や学校の実態及び児童の心身の発達の段階や特性を十分考慮して，適切な教育課程を編成するものとし，これらに掲げる目標を達成するよう教育を行うものとする」と示されている。

　教育課程のどこまで（教科名，授業時数，教育活動の内容等）を誰が（国，教委，校長，教員）定めるのかについては，議論がある。一般には，教育課程の基準（＝学習指導要領）を国が定め，各学校が適切な教育課程を編成するものと解されている。教育委員会については，当該地方公共団体が処理する教育に関する事務で，「学校の組織編制，教育課程，学習指導，生徒指導及び職業指導に関すること」「教科書その他の教材の取扱いに関すること」を管理し，及び執行する（地方教育行政の組織及び運営に関する法律（以下「地教行法」）第23条），「教

育委員会は，法令又は条例に違反しない限度において，その所管に属する学校その他の教育機関の施設，設備，組織編制，教育課程，教材の取扱その他学校その他の教育機関の管理運営の基本的事項について，必要な教育委員会規則を定めるものとする」（第33条）と規定されている。

2　学習指導要領の法的拘束性

　戦後，学校現場の教育課程編成の手引きとして出発した学習指導要領は，1958年に官報告示によって，国家基準としての性格を強く示すこととなった。以後，経済政策などと連動した学習指導要領の改訂は，教育内容行政や教科書検定の強化によって，学校現場の教育を強く規制することになった。1960年代には，教科書裁判や学力テスト裁判によって，教育内容を誰が決めるのかという問題をめぐって，国家の教育権説と国民の教育権説が対峙した。前者は，議会制民主主義により国民の付託を受けた国が全国的に学校教育の内容を決めることができるとするもので，後者では，教育の内的事項を教員や保護者・住民の自由に委ねられるべきものとし，教育行政の果たすべき役割が教育の条件整備（外的事項）に限定されるものと考えられた。

　このような，学習指導要領の法的拘束性は長く議論の対象であったが，1976年5月21日の学テ旭川事件最高裁判決によって，学習指導要領は全国的な大綱的基準としての位置づけを認められ，論争には一応の決着がつけられた。学習指導要領からの逸脱をめぐって争われた伝習館高校事件の最高裁判決（1990年1月18日）では，学習指導要領は法規としての性質を有するものと判断された。

　学習指導要領の基準的性格は，戦後初期の1947，51年に出されたそれらの参考にする「試案」としての位置づけから，1958から77年までの「準拠すべきもの」としての厳格な運用へと変化した。しかし，その後，学習指導要領の内容の変遷に伴って，運用上の拘束力は相対的に弱くなり，2003年以降「最低基準」としての性格が明確になるなど，時代とともに性格を変えてきた[2]。

　子どもの実態に即した教育活動のためには，カリキュラムの基準はできる限り緩やかなものである必要がある。1998年の改訂により新設された「総合的

な学習の時間」は,現場の教師に教育の内容と方法の詳細が任された。教師に高いレベルの自由度を認めた領域が設定されたことは,教師独自の教育課程編成を促し,現場の教育の可能性を高めるという,これまでの学習指導要領には例を見ない制度改革であったとも考えられる。しかし,少なからぬ学校や教師が,この授業をもてあましたり,学校での指導計画の策定に苦慮したりしたことからすると,現場教師のカリキュラム策定が広く展開するには至っていない。

　歴史的に見ると,全国基準としての学習指導要領の存在には,日本の学力水準の確保に意義があったというメリットも認められる[3]。しかし,1990年代以降の状況においては,学力形成の指標としての学習指導要領の信頼性は揺らいでいる。学習指導要領が基準として機能するならば,求められるはずの安定性が十分ではない。

3　学習指導要領改訂の迷走

　1998年改訂の学習指導要領は,学校週五日制の全面実施による学習内容の削減と総合的な学習の時間の創設を柱とするものであった。しかし,大学生の学力低下を憂える声と相俟って,新しい学習指導要領がさらなる学力低下を引き起こすのではないかとする社会的な論争が巻き起こった[4]。さらに,OECDによるPISA(学習到達度調査)2003年調査,IEA(国際教育到達度評価学会)が行っている国際数学・理科教育動向調査(TIMSS2003)といった国際的な学力調査の結果が発表されて,日本の子どもの学力低下不安が一層注目された。

　このため,文部科学省は,1999年には学習指導要領の最低基準性を強く打ち出し[5],指導要領の内容を超えた学習指導が可能であることを広く認めるとともに,2002年1月17日には,「確かな学力の向上のための2002アピール『学びのすすめ』」を出し,学力向上政策を展開した。2003年度から行われた学力向上アクションプランでは,スーパー・サイエンス・ハイスクール(SSH)やスーパー・イングリッシュ・ランゲージ・ハイスクール(SELHi)を指定するなど学力向上事業を次々と打ち出すこととなった。

　1998年改訂における教科内容の削減は,学習指導要領のいわゆる「はどめ

規定」(「～は扱わないこと」「～のみとすること」「～については触れないこと」) とともに，現場の教師にとって矛盾が多く感じられるものとして受け止められた。また，その後の学力重視政策は，それまで強調してきた「ゆとり」重視からの方針「転換」と考えられた。しかし，文部科学省はいずれの点についても従来から方針は変わっていないものとして説明した。

　2003年10月7日の中央教育審議会（以下「中教審」）答申「初等中等教育における当面の教育課程及び指導の充実・改善方策について」では，①学習指導要領の「基準性」の一層の明確化（「はどめ規定」等の記述の見直し）[6]，②教育課程を適切に実施するために必要な指導時間の確保，③「総合的な学習の時間」の一層の充実，④「個に応じた指導」の一層の充実，が提案された。また，全国的な学力調査の実施と，各学校における指導の充実・改善や教育課程の基準の不断の見直しが必要であることも指摘された。

　答申を受けて，同年12月には，学習指導要領の一部が改正された。とくに，①に関しては，教科内容の取扱いについて，内容の範囲や程度等を示す事項は，すべての児童生徒に対して指導するものとする内容の範囲や程度等を示したものであり，学校においてとくに必要がある場合には，この事項にかかわらず指導することができる旨が追記された。

4　新しい学習指導要領

　2008年3月の学習指導要領の改訂は，2006年12月15日に改正された教育基本法に示された内容［教育の目標（第2条）や義務教育の目的（第5条2項）］を前提とするものである。新教基法に基づいて，学校教育法が改正され［義務教育の目標（第21条）］，これに基づいて新しい学習指導要領の内容が定められた（幼稚園（教育要領）・小学校・中学校2008年3月，高等学校・特別支援学校2009年3月）[7]。中教審答申「幼稚園，小学校，中学校，高等学校及び特別支援学校の学習指導要領の改善について」(2008年1月17日) には，改正教育基本法等を踏まえた学習指導要領改訂という観点から，①「生きる力」という理念の共有[8]，②基礎的・基本的な知識・技能の習得，③思考力・判断力・表現力等

の育成、④確かな学力を確立するために必要な授業時数の確保、⑤学習意欲の向上や学習習慣の確立、⑥豊かな心や健やかな体の育成のための指導の充実、という基本的な考え方が示された。

新しい学習指導要領の内容で、特筆すべき変化は、表6.1の通りである。と

表6.1 新しい学習指導要領の特徴

	小 学 校	中 学 校	高等学校
実　施	2011年度より実施。	2012年度より実施。	2013年度入学生より実施。
教育課程の変化	国、社、算、理、体の授業時数を6学年合計で350時間程度増加。外国語活動が5、6年生に新設された。総合的な学習の時間は（教科の中で充実することで）週1コマ削減。週当たりの授業時数を低学年2コマ、中・高学年1コマ増加。	国、社、数、理、外、保体合計で400時間程度増加。選択教科を削減、必修教科授業時数を増加。選択教科は標準授業時数外で実施可能。総合的な学習の時間は削減。週あたり授業時数を各学年1コマ増加。	「国語総合」「数学Ⅰ」「コミュニケーション英語Ⅰ」を設定、共通必修理科の履修を柔軟に。「科学と人間生活」を含む2科目以上または基礎付した3科目以上を履修。週当たり授業時数30単位時間を超えて行うことができる。「日本史」必修は見送り。学校設定教科、学校設定科目を設けることができる。
維持・変更点	学校週5日制の維持、探求活動・体験活動等のため土曜日の活用、小1プロブレムへの対応、中学校で小学校の内容を再度指導、「はどめ規定」の見直し、独自教科などの特例措置を文科大臣が認定。		
教育内容の改善	言語活動の充実、理数教育の充実、伝統や文化に関する教育の充実、道徳教育の充実、体験活動の充実、外国語教育の充実。		
移行措置など	総則、道徳、総合的な学習の時間、特別活動については、2010年度より実施。算数・数学及び理科については、新課程に円滑に移行できるよう、移行措置期間中から、新課程の内容の一部を前倒しして実施（授業時数の増加も前倒し実施）。これに伴い、小学校では、総授業時数を各学年で週1コマ増加（中学校は、選択教科等の授業時数を削減するため、総授業時数は変更なし）。新課程の前倒しに伴い、現在の教科書には記載がない事項を指導する際に必要となる教材については、国の責任において作成・配布（具体的方策は検討中）。各教科（算数・数学及び理科を除く）は、学校の判断により、新学習指導要領によることも可能とする。但し、以下のものについては、全ての学校で先行実施・地図帳で指導可能な「４７都道府県の名称と位置」等の指導（小学校）・音楽の共通歌唱教材として指導する曲数の充実等（小・中学校）・体育の授業時数の増加（小学校低学年）。小学校第5・6学年における外国語活動は、各学校の裁量により授業時数を定めて実施することが可能。（各学年で週1コマまでは、総合的な学習の時間の授業時数を充てることが可能）		

表6.2 小・中学校の標準授業時数

小学校

	国語	社会	算数	理科	生活	音楽	図画工作	家庭	体育	道徳	特別活動	総合的な学習の時間	外国語活動	総授業時数
第1学年	306		136		102	68	68		102	34	34			850
	+34		+22		0	0	0		+12	0	0			+68
第2学年	315		175		105	70	70		105	35	35			910
	+35		+20		0	0	0		+15	0	0			+70
第3学年	245	70	175	90		60	60		105	35	35	70		945
	+10	0	+25	+20		0	0		+15	0	0	-35		+35
第4学年	245	90	175	105		60	60		105	35	35	70		980
	+10	+5	+25	+15		0	0		+15	0	0	-35		+35
第5学年	175	100	175	105		50	50	60	90	35	35	70	35	980
	-5	+10	+25	+10		0	0	0	0	0	0	-40	+35	+35
第6学年	175	105	175	105		50	50	55	90	35	35	70	35	980
	0	+5	+25	+10		0	0	0	0	0	0	-40	+35	+35
合計	1461	365	1011	405	207	358	358	115	597	209	209	280	70	5645
	+84	+20	+142	+55	0	0	0	0	+57	0	0	-150	+70	+278

中学校

	国語	社会	数学	理科	音楽	美術	保健体育	技術・家庭	外国語	道徳	特別活動	選択教科等	総合的な学習の時間	総授業時数
第1学年	140	105	140	105	45	45	105	70	140	35	35		50	1015
	0	0	+35	0	0	0	+15	0	+35	0	0	0~-30	-20~-50	+35
第2学年	140	105	105	140	35	35	105	70	140	35	35		70	1015
	+35	0	0	+35	0	0	+15	0	+35	0	0	-50~-85	0~-35	+35
第3学年	105	140	140	140	35	35	105	35	140	35	35		70	1015
	0	+55	+35	+60	0	0	+15	0	+35	0	0	-105~-165	0~-60	+35
合計	385	350	385	385	115	115	315	175	420	105	105	0	190	3045
	+35	+55	+70	+95	0	0	+45	0	+105	0	0	-155~-280	-20~-145	+105

(注)上段は標準授業時数の改訂案,( )内は週当たりのコマ数,下段は現行からの増減

くに小中学校の授業時数の変化を表6.2に示した。教科の授業時数の増加と総合的な学習の時間の縮減が特徴的である。総合的な学習の時間は,教科の知識・技能を活用する学習活動を各教科の中で充実するため,時間数は減っているが内容の重要性は変わらないとされている。したがって,「総合」の時間につながるような「活用型」の学習活動を各教科の中で行うことが重要であると考えられている(9)。

5　基準としての妥当性

　今回の指導要領の改訂をめぐっても,その内容については議論がいくつも存在しており,基準の妥当性についての検討は重大である。

とくに，このうち，重大な問題となる点のひとつは，小学校での外国語（英語）活動の導入である。新しい学習指導要領では，小学校5，6年生に外国語活動が年35コマ導入された。小学校段階での英語教育の導入自体にまず疑問があり，専門家の間でもその点についての合意ができているとはいえず，その効果を疑う指摘もある[10]。実際の授業を担当することになる小学校教員は，その養成の過程や入職後の研修で，十分な外国語教育のトレーニングを積んできたとは言い難い。実施までの2年間に，研修を受けて教育の水準が維持できるほどに授業が可能になるか疑問も多い。文部科学省は，5，6年生向けの教材として「英語ノート」を，教師向けには指導資料やデジタル教材を配布するとしている。これまでの小学校教育において，全く素地のないこのような性急なカリキュラム改革は，少なくとも短時間のうちには効果を上げない。教員養成等他の法制度に関しても整合性のとれない拙速な改革と言わざるを得ない。

　高等学校の英語指導については，第8節「外国語」の第3款「英語に関する各科目に共通する内容等」の4で，「英語に関する各科目については，その特質にかんがみ，生徒が英語に触れる機会を充実するとともに，授業を実際のコミュニケーションの場面とするため，授業は英語で行うことを基本とする。その際，生徒の理解の程度に応じた英語を用いるよう十分配慮するものとする」と英語を使っての指導が規定された。後半の留保があるものの，英語教育の方法に対する理解不足や教師や生徒の実態を把握できていないものとして，社会的には大きな批判を受けている。

　法的な観点からすると，このような方法に関する記述が，すでに学校現場の教育活動に対する直接の介入になっている問題点とともに，最低基準としての強制力を伴う指導要領の性格から考えて，実現についての洞察と計画が不足した記述内容の妥当性が問題とされなければならない。その一文の意味するものが，もし後半の留保を強調して捉え，単に「奨励」程度の内容であるとすれば，逆に学習指導要領の最低基準性を疑わせるものになる。学習指導要領に記載される内容に関して，策定者の側にその性格についての理解が十分でない可能性もある。指導要領の実施において，この点をめぐっては，今後，学校現場の混

乱は必定である。

6　学習指導要領の規制緩和

　政府の構造改革特別区域における制度改革の一環として始められた，学習指導要領の基準によらない地域における教育課程の特例の内容は，「地域の特色を生かした教育課程について，地方自治体が構造改革特別区域の認定を経て，教育課程の基準によらない教育課程の編成・実施を行う」（構造改革特別区域研究開発学校設置事業）（特例番号802）というものであった。各地での実践例による蓄積を経て，2006年2月15日構造改革特別区域推進本部決定および4月の閣議決定を受けて，2008年1月17日の中教審答申により提案され，2008年4月より学校法施行規則が改正され規制緩和が全国展開することとなった。

> 学校教育法施行規則第55条の2　文部科学大臣が，小学校において，当該小学校又は当該小学校が設置されている地域の実態に照らし，より効果的な教育を実施するため，当該小学校又は当該地域の特色を生かした特別の教育課程を編成して教育を実施する必要があり，かつ，当該特別の教育課程について，教育基本法（平成十八年法律第百二十号）及び学校教育法第三十条第一項の規定等に照らして適切であり，児童の教育上適切な配慮がなされているものとして文部科学大臣が定める基準を満たしていると認める場合においては，文部科学大臣が別に定めるところにより，第五十条第一項，第五十一条又は第五十二条の規定の全部又は一部によらないことができる。
> 　（第55条の2小学校および中学校準用，第85条の2高等学校，第132条の2特別支援学校）

　これは，文部科学省が指定する「教育課程特例校」と呼ばれるもので，その前提としては，学習指導要領の内容が適切に取り扱われている，標準的な総授業時数が確保されている，発達の段階並びに各教科等の特性に応じた内容の系統性及び体系性に配慮がなされている，などの基準が満たされていなければならない（文科省告示第30号，2008年3月28日）。①学校の管理機関は，教育課程特例校における特別の教育課程の実施状況を把握・検証し，少なくとも3年に

1度文部科学省に報告する，②文部科学省は，教育課程特例校における特別の教育課程の実施状況について，報告を求め，又は実地に調査することができる，など，文部科学省が大きな権限をもってカリキュラムの実施状況を調査・点検する。また，文部科学省は，管理機関に対し，当該特別の教育課程の実施に関し必要な措置を講ずることを求めることができ，必要な承認を受けなかったり，円滑な実施が見込めなかったりする場合は，指定が取り消される（教育課程特例校制度実施要項，2008年10月16日，文部科学大臣決定）。

　教育課程特例校の出現は，学習指導要領の存在を不安定なものにする危険性もある。学習指導要領の内容が「適切に」取り扱われている「教育課程特例校」とは，すでに語義矛盾を含んでいる。適切に取り扱われているのであれば，「特例」を認める必要はなく，逆に，そのような学校が存在するのであるとすれば，例外的に認められる内容を縛っているような記述を，学習指導要領に記載することは不適切ということになりかねない。学習指導要領の内容と性格は，見直しを迫られることになるのではないだろうか。

7　カリキュラムの基準と学校現場の要求

　2006年に，高等学校において必修とされている世界史等を多くの学校で履修させていないといった事実が発覚した，いわゆる科目の未履修問題は記憶に新しい。履修しないまま卒業した生徒については不問とし[11]，同年の3年生については，3月になってから補習を行うなど，学校現場は対応に混乱した。

　国立，公立，私立合わせて未履修の生徒数は8万3743名，全高校3年生の7.2％に上り，内訳は70単位時間以下の生徒は6万1352人，70～140時間1万7837人，140時間超4554人であった。対策は，70単位時間までは，放課後，冬季休業，春季休業における補講で対処（各学校の教務規程等によると，一般の場合にも3分の2程度の出席があれば履修とみなすことから，50時間程度を実施），70時間を超えるものは，70単位時間内で科目ごとに時間を割り振り，残りの時間数はレポート提出または授業免除とされた。

　伊吹文部科学大臣（当時）の説明は，「受験科目について，深掘りをせずに

教えてもらいながら，深掘りをしてもらった生徒と一緒に同一大学を受験しなければならない。だから，正直者に損をさせるというわけにはこれはなかなかいかないんですね。」というものであった(12)。学校が未履修の問題を隠してなかなか表に出さなかったということは，当時の国会ではいじめの実態についても共通に見られた学校の隠蔽体質として問題視されている。一方で，最低限必要な教育内容について，学校現場にまでわたる合意がないという事実は，学ぶ意義についてのより本質的な問題を突きつけていると言えるだろう。未履修で済ませたほうが「得をする」と政策担当者も実はわかっている，というところに問題の根の深さが感じられる。受験に必要の無い科目を適当に省いたというのは，結果的に当人の真の学力形成のためには全くならなかったわけであるが，受験を楽にするための最大の「顧客サービス」であったとも言えるだろう。

　このようなカリキュラムをめぐる事態は，次のような問題を提起している。ひとつは，改めて学習内容の基準設定の在り方を検討する必要である。もうひとつは，学校現場に面従腹背を引き起こすような法制化の過程が省みられないことの深刻さである。道徳の教科化などの提案も，一部の先鋭的な推進者によって実現されるかもしれないが，学校現場の要求と現実がそのようなところにあるかどうかは再度吟味が必要であろうし，それを国主導の方法で強制力をもって実施すれば，逆効果になることも考えられる。

第2節　学力評価と全国学力テストの実施

1　学力評価の制度改革

　子どもたちの学力保障の点では，教育課程をめぐる法制とともに，学力評価の制度についても注視しておく必要がある。評価は指導や学習の改善につながることで，学力形成に大きな影響を及ぼす。

　1989年の指導要録の改訂は，それまで重視されていた評定に代わり，観点別評価を重視した点で，学力観の転換に対応するものであった。観点の中では，それまで筆頭項目に掲げられていた「知識・理解」に代えて，「関心・意欲・

態度」を最重要視するなど，いわゆる新しい学力観に基づく評価制度へとシフトした。しかし，このことは，評価の多様化ではなく，むしろ子どもの多様な力を評定に一元化するように働いた。調査書（内申書）に示される評価を高等学校入試の合否判定材料とする制度的な仕組みから，中学校生活における受験の日常化を加速させたとも言える。

　教育課程審議会答申「児童生徒の学習と教育課程の実施状況の評価の在り方について」(2000年12月4日) を踏まえ，新しい学習指導要領の実施と同時に，小・中学校の各教科の評定が相対評価から絶対評価に転換された。文部科学省は指導要録の参考様式を改め，一方で国立教育政策研究所が，小・中・高等学校の「評価規準の作成，評価方法の工夫改善のための参考資料」を発表した。各学校では，これらを基礎として評価方法についての検討が行われ，とくに法的な位置づけの無い通知表（通信簿）において様々な工夫がなされ，子どもたちの学習の改善に役立つ学習評価が模索されてきた。しかし，達成度を細かく確かめる評価方法は，教師による日常的な評価情報収集のための仕事を増加させることにつながった。

　学力低下論争を経て，今日では，子どもたちの学力格差が経済的な状況や家庭の価値観・生活態度と密接に関連するという格差社会批判や，子どもたちの学習ばなれ，学習意欲の低下について問題視され，国際的な学力調査の結果が関心を持って受け止められるという状況の下，学習評価についての関心事は新しい時代の学力に向けられている。

2　全国学力・学習状況調査の実施

　2007年4月24日，小学校6年生と中学校3年生233万2千人を対象に「全国学力・学習状況調査」が実施された。この学力調査は，60年代に行われた全国一斉学力調査との対比で語られることもあるが，60年代のそれが，中学校2, 3年生を対象とした国・社・数・理・英の5教科のテストを行った点などで異なっている。しかし，それらは，地教行法第54条2項に定める行政調査として実施された点で，共通の性質を有している。

> 地方教育行政の組織及び運営に関する法律第54条　教育行政機関は，的確な調査，統計その他の資料に基いて，その所掌する事務の適切かつ合理的な処理に努めなければならない。
> 2　文部科学大臣は地方公共団体の長又は教育委員会に対し，都道府県委員会は市町村長又は市町村委員会に対し，それぞれ都道府県又は市町村の区域内の教育に関する事務に関し，必要な調査，統計その他の資料又は報告の提出を求めることができる。

　法的には，この学力調査が持っている目的である「各学校が，各児童生徒の学力や学習状況を把握し，児童生徒への教育指導や学習状況の改善等に役立てる」（平成21年度全国学力・学習状況調査に関する実施要領）という改善のねらいを強調するほど，行政調査としての性格を逸脱することになり，北海道学テ裁判の最高裁判決（1976年5月21日）による全国学力テストの適法理由にも反することになるという指摘がある[13]。判旨によれば，調査結果を教育活動に利用することは強制されず，利用は教師の判断に任されるものであると考えられており，今次の学力調査の実施目的の明示は，固有の教育活動に踏み込んでいる点で適法性が疑われる。

　学力調査の実施に関する問題点は，すでにいくつも指摘されている[14]。全体の学力傾向を調査するならば悉皆調査とすることは不必要，実施の時期が不適切かつ採点に時間がかかり過ぎて指導の改善に生かすことができない，費用対効果が薄い，テスト問題の妥当性が低い，結果の公開をめぐって議論がある[15]，私立学校の参加率が低い，なぜ国語と算数・数学に限定されているかが不明，合わせて実施されている児童・生徒質問紙で特定の生活像・家族像が求められている，などである。

　この学力調査は，まず実施するという前提があって，後付けで理由が考えられた。新しい学習指導要領も，教育課程実施状況調査や国際的な学力調査などによる児童生徒の達成についての認識が前提となっているため，この調査の結果が必然的・直接的な参考になっているとは考えにくい。実施後に，学力調査

の結果の活用が 2008 年の中教審答申や教育雑誌の特集などでも訴えられているが，その方法に関してはまだ判然としない。

　かつて文部省は，業者テストの結果に依拠した進路指導を行わないよう強く戒め，事実上業者テストを追放する通知を出している[16]。このときの問題点の指摘からしても，全国統一基準のテストに依拠した指導を行うことの適正性については再度検討を要する。

　2009 年度には，すべての自治体が全国学力・学習状況調査に参加した[17]。しかし，2009 年の政権交代を経て，2010 年度より，この学力調査の方式は，悉皆調査から抽出調査に切り替えられることとなった（平成 22 年度全国学力・学習状況調査に関する実施要領。調査の性格は大きく変わることになる）。

第 3 節　カリキュラムと教育条件整備

1　『心のノート』の制度的な意味

　教育課程が編成され，これに沿って実際の授業が行われて児童生徒の学習が進められる過程で教育行政の果たすべき役割は，学校の組織編制や教育課程，教科書その他の教材の取扱い，施設設備の整備などの教育関連の事務，すなわち教育の条件整備を行うことにあるとされてきた。しかし，改正教育基本法によって，教育行政の教育への関与が積極的に承認される傾向にある。以下に検討するような，教材や施設設備の整備が，教育基本法第 2 条のいう，「全国的な教育の機会均等と教育水準の維持向上を図るため」に総合的に策定し，実施する「教育に関する施策」に相当するものかどうかが問われることになるだろう。

　学校では，文部科学大臣の検定を経た教科用図書又は文部科学省が著作の名義を有する教科用図書を使用しなければならない［教科書の使用義務（学校教育法第 34 条，中高準用）］。また，その他の教材で有益なものは使用することができる（同 2 項）。教科書とは，教科の学習において「主たる教材」として，使用される児童生徒用図書である（教科書の発行に関する臨時措置法第 2 条）。教委は，

補助教材の使用について，学校にあらかじめ届け出させ，または承認を受けさせるという定めを学校管理規則に設ける（地教行法第33条）。

　道徳の教材である『心のノート』は，小学校低学年，中学年，高学年と中学校用の4種類を文部科学省が編集，発行したもので，2002年度より児童生徒に配布された。このノートについては，書き手（＝使用する児童生徒）の主体を乗っ取る心理学的手法の問題とともに，著作者も明確にせず，教科書検定も経ていない方法で，税金を使って出版され全国の学校に配布されたという点で，新たな国家統制の手段となっているという問題の指摘がある[18]。もしこのような方法が可能であれば，国はどのような資料でも刷って配布することが可能であるという意味で，「国定教科書」的な存在になり得るという[19]。教師が授業でこのノートの使用を使用しなければならないか否かについては，校長がその権限を持っているとされる[20]。

　今次の学習指導要領の改訂に際しては，算数・数学及び理科については，新課程に円滑に移行できるよう，移行措置期間中から，新課程の内容の一部を前倒しして実施することになっている。その際，新課程の前倒しに伴い，現在の教科書には記載がない事項を指導する際に必要となる教材について，国の責任において作成・配布が予定されている。これらの教材をどのように考えるべきであろうか。

　『心のノート』は，旧教基法の段階から配布されていたため，その点で法的にも問題を有していたと言わざるを得ない。一方，新教育基本法の下でも，多様な教科書が編纂されることを予定した教科書制度の趣旨や，地教行法の定める補助教材の扱いについての規定を見ると，その内容に疑問が提示される中，少なからぬ税金を使用して全国一律の教材を配布するという行為は，必ずしも正当性が説明できる性質のものとは考えられない。

　愛知県犬山市が教育改革の一環として取り組んだ副教本の作成は，教育課程編成と教材作成のあり方としても参考になる[21]。教師が主体的に取り組むことで，力量向上にもつながるシステムとして機能することができる。国に求められる仕事は，自ら代表して教材を作成することではなく，教材を作成する教

師を支援することである。そのような方法で教育の機会均等と教育水準の維持向上を図るほうが，よほど合理的で効果的である。

2　少人数学級編制と学校施設経営

　子どもたちの学力向上のための重要な手法のひとつとして，少人数学級編制がある。全国的に広がりを見せている少人数学級の実施は，今後の学校経営にも大きな影響を与えると考えられる課題である。

　2000年5月，教職員配置の在り方等に関する調査研究協力者会議は，報告「今後の学級編制及び教職員配置について」を出した。そこでは，学級編制基準設定の枠組みを堅持しながらも，学級編制基準の弾力化を図ることが提案された。2001年度からはじめられた小・中学校における第7次教員定数改善計画は，児童生徒数減による教職員減に見合う2万6900人の加配を行っている。同年の義務標準法改正によって，都道府県教委の同意があれば，40人未満の学級編制ができるようになった。

　少人数学級の実施の形態は様々であり，県レベルで実施するものもあれば，市町村レベルで実施するものもある。多くは，小学校低学年において，学校生活への適応を促し，指導の有効性を高めるための取り組みになっている。一部の県や市では少人数学級は実施する学年を拡大する傾向にある。愛知県犬山市のように小・中学校全学年での実施を可能にしようとする動きもあり，少人数学級編制は地域による教育改革や授業改善のカギを握る重要な要素となっている。

　標準法改正に先立って，長野県小海町，佐賀県北波多村などでは，自治体独自の教員配置により少人数学級編制を実施したが，県教委の指導により，「是正」させられた。地域によって教育水準の著しい格差が生じたり，ナショナル・ミニマムを下回るような教育条件の切り下げが起こったりすることは避けられなければならないが，地域における条件改善を阻止する動きがあったことは注視する必要がある。

　文部省は，『学校施設のリニューアル』(1988年)，「余裕教室活用指針」(1993

年）によって，児童生徒数の減少によって生じた余裕教室の転用を促進した。しかし，転用政策の実施が適切であったかどうかは疑わしい。同時に，T.T.実施などのための教員の目的加配や，学校施設へのオープンスペースの拡充は，少人数学級編制とは異なる文脈で進められた。

　現在，少人数指導が広がる学校現場では，それを実施するための教室の確保が問題と考えられている。とくに少人数学級を実現するためには，そのための学級教室の供給が肝要で，現実には「余裕教室」が存在しなければ少人数の学級編制は可能にならない[22]。文部省により余裕教室の転用が展開された当時においても，少人数学級を想定すれば，普通教室の量的整備は必ずしも十分な状態にあったわけではなく，「余裕教室」と考えることは，適切ではなかった。

　少人数学級編制を含めて，教員の配置と学校施設計画についても学校現場の意思が十分に反映されることが望まれる。文部科学省は，今度は，「新世代型学習空間」と称して，「余裕教室」や多目的スペースを転用することを奨励している。多様な学習集団で使用することを目的としてオープンスペースの整備を強く促してきたものの十分にそれが利用されることはなかった。このことを省みれば，今後必要なことは上からの指示でそれを止めさせることではなく，施設の計画や運営を地域の裁量にできる限り任せることである。

　教委や学校は，このような教室や学習スペースの設置・運営を，重要な経営判断事項だと認識したほうがよい。地域の財産である学校施設に，どのようなスペースをどのように設けるか，ということは，どのような地域学校経営を実現するかという問題設定に他ならない。法制の枠組みは，そのような学校の判断と教師の教育課程経営を支援するように用意される必要がある。

【笠井　尚】

注
（1）　2007年6月27日の学校教育法の一部改正により，文部科学大臣が定める内容は「教科」から「教育課程」へと範囲が拡大された。
（2）　安彦忠彦「欧米先進国にキャッチ・アップするための道具として」『現代教育科学』2006年1月号。安彦は，規制緩和によって，学習指導要領の「試案」的性格が強められ

て（現場の自由度が高くなって）いるが，それを学校現場で支える力のある教師は昭和50年頃までにいなくなって，施策の効果はすぐに出ない，と指摘している。
（3）　菱村幸彦「日本の教育水準を支えた」『現代教育科学』2006年1月号。
（4）　市川伸一『学力低下論争』ちくま新書，2002年など参照。大学生の学力低下については，岡部恒治ほか『分数ができない大学生』東洋経済新報社，1999年など。
（5）　「徹底討論　子供の学力は低下しているか（特集「学力低下」を考える）」『論座』（朝日新聞社，1999年10月号，12-33頁）における寺脇研（当時：文部省政策課長）と苅谷剛彦（当時：東京大学助教授）の対談で，寺脇は学習指導要領の最低基準性について，従来からそのような性格であったと語り，苅谷はその考え方はドラスティックな変化ではないかと述べている（朝日新聞の記事掲載は，7月）。寺脇は，学習指導要領の内容を超えたものは，総合的な学習の時間で教員が用意するか，社会教育の中で処理する必要があるとも述べている。
（6）　答申（2003年10月7日）では次のように示された。「これらのいわゆる［はどめ規定］等は，学習指導要領に示された内容をすべての児童生徒に指導するに当たっての範囲や程度を明確にしたり，学習指導が網羅的・羅列的にならないようにしたりするための規定である。したがって，各学校において，必要に応じ児童生徒の実態等を踏まえて個性を生かす教育を行う場合には，この規定にかかわらず学習指導要領に示されていない内容を指導することも可能なものである。ところが，その趣旨についての周知が不十分であるため，適切な指導がなされていない状況も見られる。」
（7）　当時，文部科学省課長であった岡本薫は，教育基本法の改正について，当初から改正ありきの本末転倒のものであった，と述べている。その上で，問題の原因が特定されておらず，具体的達成目標が設定されていないので，実際には大きな変更がなく，自治体は自らの政策や方針の理屈付けに使えばよい，という（岡本薫「自治体独自政策の理屈付けに使え」『現代教育科学』2008年7月号）。本末転倒はともかく，学校教育法の規定が「目標の達成に努めなければならない」から「目標を達成するよう行われるものとする」と変えられたことからすると，目標達成は自明の理として強制されていると考えざるを得ない。
（8）　部会長の木村孟によると，中教審教育課程部会では，前回の指導要領でも概念がかなり示されていた「生きる力」についてさらに深めるよう議論を行ったが，「議論百出で，委員全員の合意を得るには至らなかった」という。木村は，改訂が成果を上げるための要件として，「今回の改訂の趣旨を，都道府県並びに市区町村の教育委員会，現場の先生方に正しく理解していただくことである。平成10年の改定時には，この点で大きな問題があったことは周知の事実である」と述べている（木村孟「新学習指導要領－中央教育審議会教育課程部会における議論から－」『教育委員会月報』2008年7月号）。
（9）　安彦忠彦「学習指導要領の改訂の方向性」『教職研修』2008年2月号。
（10）　たとえば，鳥飼玖美子『危うし！小学校英語』文春新書，2006年。

(11)　「それから，既に卒業している方の卒業証書の効力でございますが，これは，行政法の基本原則から，本人に重大な瑕疵がなく取得した権利についてはこれを取り消すことはできない。ただ，この重大な瑕疵がどの程度かというのが法制局との間にいろいろ問題になるわけですが，今御説明しました処理方針のような措置を講じた場合は，このバランスからいって，既存の，既に免許を取得しておられる方の卒業証書は取り消さないということにいたしております。

　それから，各大学における選抜が始まっておりますので，各大学が求める調査書の扱いについても，ただいま申し上げた方針で受け入れてくれるよう各大学に申し上げております。

　最後に，高等学校卒業程度認定試験においても同じ扱いをするということを都道府県知事に通知いたしております。」（第 165 回国会，教育基本法に関する特別委員会，2006 年 11 月 2 日，伊吹文部科学大臣の答弁による）

(12)　第 165 回国会，教育基本法に関する特別委員会，2006 年 10 月 30 日，伊吹文部科学大臣の答弁。伊吹大臣は，「高校生，三年生は全員被害者なんです」「そのために，まず総理から私にお話があったのは，未履修の生徒だけが実は被害者であるのではないよと。未履修の生徒はどういうことになっているかというと，受験科目を濃密に教えてもらって，受験以外の必修科目を未履修なんですよ。その生徒さんと，決められた学習指導要領どおりやっている生徒さんは，同じ大学を受けなければならないということが起こってくるわけですから，全員が被害者なんですよ，学生は。ですから，その不安を，一刻も早く，そういう見地に立って取り除くようにと。ですから，未履修の方々を必ず卒業できるようにしてあげる，同時に，履修をした人たちに，正直者がばかを見たという気持ちにならないようにやっていかなければならない。これをスピード感を持って早くやって，今一番受験を前にして精神的に不安なときでしょうから，その不安をまず取り除くということ。もちろん，地方の高等学校の教育行政を預かっている人の責任云々というものはございますが，これは先生，ちょっと火事場で原因を追及する，もちろん後で検証はしなければいけないんですが，まず火を消すこと，これに全力を挙げて，やらせていただきます。」と述べている。元は安倍首相の考えである，ということなのだが，ここには，「受験に必要ではない科目を履修することは無駄である」と生徒が思っている，という認識があり，教育内容が保障されなかったという意味で「被害者」と言っているわけではない点に留意する必要がある。

(13)　中嶋哲彦「全国学力テストの教育法的・教育制度論的検討」『季刊教育法』No.155，2007 年，14 頁。一方，教育基本法第 17 条に基づいて策定された教育振興基本計画（平成 20 年 7 月 1 日閣議決定）には，「全国学力・学習状況調査を継続実施するとともに，その結果を活用した学校改善への支援等を行います」と盛り込まれている。「『課題が見られる学校の改善に向けた取組への支援や，優れた取組の普及等』に特段の力を注ぐことが必要と思われる」という見方も示されており（若井彌一「学力調査結果の活用と行

政的支援」『教職研修』2008年12月号), 「支援」を限定的に行うことを前提にしながら, 調査の適法性についてはさらに吟味が必要であろう。しかし, 若井も調査結果の公表に関心が集まる問題性について指摘しているように, 標準化テストの本質的な問題は依然として残るため, 調査が改善自体に介入することは避けられないだろう。

(14) 市川伸一は, 2007年の学力テスト問題について, 問題Aは易しすぎて診断力がなく, 基礎力が良好であったという結果の分析に対して疑問を呈している (「全国学力テストをどう評価するか―診断力ある問題を出題し, 授業改善に活かせ」)。大森直樹は, 内閣府関係の文書に見られる学力テストの消費者に対する情報提供としての機能や, 文部科学省の専門家検討会議の中でOECDのPISA型調査が指向されていたという労働市場が要求する能力を育成する学力テストの目的について指摘している (「検証！ 2007全国学力テスト (1) 政府の狙いは何か」同前) (いずれも『季刊教育法』No.155, 2007年所収)。

(15) 文部科学省の意図に反して, 鳥取県教委は2009年9月7日, 2009年度の全国学力調査の市町村別結果と学校別結果 (一部の小規模学校を除く) を開示した。学校別データの開示は全国の都道府県で初めてである。『朝日新聞』2009年9月8日。

(16) 文部省は, 業者テストによる偏差値等に依存した進路指導を禁じる通知の中で, 公益法人や校長会の行うテストすら問題であるとして, 次のように述べていた。「また, 学校が連携協力して問題作成や採点に携わるなどそれぞれの学校が教育活動として行う性質のものでない限り, 中学校が授業時間中や教職員の勤務時間中にテストを実施するなどその実施に関与することは厳に慎むべきであること」(「高等学校入学者選抜について」文初高第243号, 1993年2月22日)。

(17) 全国の自治体で愛知県犬山市のみが, 2007, 08年の学力調査に参加しなかった。詳しい経緯は, 犬山市教育委員会編『全国学力テスト, 参加しません。』(明石書店, 2007年) を参照。

(18) 三宅晶子『「心のノート」を考える』岩波ブックレット, 2003年。

(19) 2008年度において, 文部科学省は, 「心のノート」の改善に関する協力者会議を組織し, 7月23日, 10月20日, 11月7日の3回の会議およびワーキンググループによる作業によって改訂が行われている。

(20) 「心のノート」の強制に関しては, 三宅前掲書55-58頁, および三宅「『愛国心』はどのように教育され, 法制化されようとしているのか―『心のノート』を中心に」(『季刊教育法』No.138, 2003年) 参照。2001年3月22日の参議院文教科学委員会における町村信孝文部科学大臣, 2002年8月29日参院決算委員会における矢野重典文部科学省初中局長の答弁では「強制するわけではない」という趣旨の内容であったが, その後, 内容が変化している。2003年2月27日衆議院予算委員会第四分科会での矢野局長の答弁では, 「心のノート」は地教行法の示す文部科学大臣の権限に基づく地方公共団体に対する指導・援助の一環として出されていること, 設置者である市町村または学校が教材として使用することを決定すれば道徳の副教材として使用義務が課せられること, が示さ

れた (55-56 頁)。「端的に言えば，強制できるのだ，しかしそれは『強制』ではない，ということでしょう」と三宅は言っている。
(21)　犬山市教育委員会『犬山発・21世紀日本の教育改革』黎明書房，2003年。
(22)　犬山市では，少人数学級を実現するための教室整備を実践している（笠井尚「学校経営と学習活動を支える学校環境整備：愛知県犬山市における『学びの学校建築』づくり（教育経営の実践事例）」『日本教育経営学会紀要』第50号，2008年，91-100頁）。

第7章　校長・教師と教育法

第1節　教員養成と免許制度改革

1　教員免許制度

戦後の教員制度は，免許状制度を根幹に，大学における教員養成や教員養成の開放制を原則として，現職における成長を重視する立場から教員研修を充実させることで，求められる教員の質と量が確保されてきた。

> 教育基本法第9条　法律に定める学校の教員は，自己の崇高な使命を深く自覚し，絶えず研究と修養に励み，その職責の遂行に努めなければならない。
> 2　前項の教員については，その使命と職責の重要性にかんがみ，その身分は尊重され，待遇の適正が期せられるとともに，養成と研修の充実が図られなければならない。

日本の教員制度は，認可された教職課程を有する大学において，教育職員免許法（以下「教免法」）に定める所定の単位数を取得して卒業した志願者に対して，都道府県が免許を付与する，という仕組みを持つ。それらの免許取得者・取得見込み者に対して，都道府県，政令市，私立学校を経営する学校法人が教員採用選考を実施する。教員の職能成長は，学校で行われる現職教育を中心として，種々の研修によって実現される。教員の質は，このような養成・採用・研修という一連の教員制度によって担保されてきた。

> 教育職員免許法第1条　この法律は，教育職員の免許に関する基準を定め，教育職員の資質の保持と向上を図ることを目的とする。

> 第2条　この法律で「教育職員」とは，学校教育法（昭和22年法律第26号）第1条に定める幼稚園，小学校，中学校，高等学校，中等教育学校及び特別支援学校（以下「学校」という。）の主幹教諭，指導教諭，教諭，助教諭，養護教諭，養護助教諭，栄養教諭及び講師（以下「教員」という。）をいう。
> 第3条　教育職員は，この法律により授与する各相当の免許状を有する者でなければならない。
> （第2条，3条，各2項以下略）

　しかし，教員免許の取得が必ずしも教員の質的な保証を意味するとはいえない状況もある。塾の講師や家庭教師など，インフォーマルな部分での教育に従事する仕事に教員免許は要求されない。大学の教職課程においては，履修の前提となる厳格な学力保証システムがはたらいているわけではない。教員に対する社会的な期待は依然として高いものの，親の学歴の上昇とも相俟って，学問分野における教員の社会的な価値は相対的には低下し，小中高等学校等の教育が教員免許を保持する教員によって独占的に担われなければならない必然的な根拠は，常に危険にさらされている。

2　教免法の改正と「教職実践演習」の設置

　教員に対する期待が高まる中，教員免許の取得要件は，厳しくなっている。1998年に行われた教免法の改正では，新しい時代における教員の力量を準備するため，大学の教職課程における教職科目の必要単位数が増加した。カウンセリングに関する基礎的な知識を含む「教育相談」や，環境問題や人権問題など，人類共通の又は日本の社会にかかわる課題に関する分析及び検討並びにその課題についての指導方法・技術を含む「総合演習」などの新しい科目が加わり，中学校免許取得のための教育実習の必要単位数は3単位から5単位となった。また，1998年からは，小中学校の免許取得希望者は，「障害者，高齢者等に対する介護，介助，これらの者との交流等の体験」が課されることとなった（小学校及び中学校の教諭の普通免許状授与に係る教育職員免許法の特例等に関する法律（1997年6月18日法律第90号））[1]。

2010年からは，教員として必要な資質能力の最終的な形成と確認のために，大学4年次の教職課程履修の最終段階に「教職実践演習」が設けられることとなった[2]（教免法施行規則第6条1項付表備考11）。この科目は，「教職課程の他の科目の履修や教職課程外での様々な活動を通じて学生が身に付けた資質能力が，教員として最小限必要な資質能力として有機的に統合され，形成されたかについて，課程認定大学が自らの養成する教員像や到達目標等に照らして最終的に確認する」（答申）という性質のものである。

 しかし，この科目は，その運用において不可解な問題を内在している。そもそも，教職課程の履修を4年次まで滞りなく単位取得してきたのならば，それで免許取得に関する適性は確保されていると当該大学が判定していると考えられる。「学生はこの科目の履修を通じて，将来，教員になる上で，自己にとって何が課題であるのかを自覚し，必要に応じて不足している知識や技能等を補い，その定着を図ることにより，教職生活をより円滑にスタートできるようになることが期待される」と言われるが，わずか半年1科目の履修ですべてを補えるものではない。もしそこまでの履修で足りない部分があったとすれば，それはそこまでの教職課程履修の中で随時補充されてくるべきものと考えられる。

 このような「まとめ」科目の合否判定は，免許取得のための教科・教職のすべての単位取得を待ってしか行えない。免許取得の必要単位数の確保無しに，教員としての修得が満たされたとは判断できないからである。したがって，もし何らかの不足単位が生じた場合には，半年間この科目を滞りなく履修したとしても，他の科目の不認定を理由に，自動的に不合格になる場合があり得る。一方，当該学生が，4年次の夏以降行われる自治体等の教員採用選考にパスして，採用が内定したとすると，この学生を不認定にする，と大学側が判定することはあり得るだろうか。もちろん，採用試験に合格していたとしても，必要科目の単位不足が種々の原因で生じて免許取得が不可能になることはあり得る。しかし，問題はこの科目が独立した学修を担保するものではないため，他の科目や他の学修の成果をもう一度問うているのみで，いわば屋上屋を架す程度に科目が形骸化する恐れがある。「儀式」としては授業が行われていたとしても，

この科目の単位認定に関する原理的必然性は十分に説明することができないのではないだろうか。

3　教員免許制度の弾力化

　免許付与に対する教員養成制度の厳格化が進む一方で，特別免許状のように，通常の教職課程を経ずに取得できる免許を拡大したり，特別非常勤講師のように教員免許を持たない者が教室で教えたりするなど，免許制度の弾力化が進んでいる。

　教免法第4条に定める特別免許状は，1988年の免許法の改正により，社会人登用のために設けられた制度で，教育職員検定に合格した者に授与された都道府県内のみにおいて有効な免許である。2002年の中央教育審議会（以下「中教審」）答申で，その有効活用が提唱されたものの，2005年度までの状況で見ると，中学校11名，高等学校136名，小学校ではわずか2名であり，ほとんどその活用は進んでいない。同答申では，活用が進まない理由として，教育委員会が採用減から若手教員を雇用する傾向にある，有効期限により転職が進まない，社会人特別選考が実施されていない，特別非常勤講師の制度が利用できること，が挙げられている。特別免許状の有効期間は当初5～10年であったが，2002年答申を受けた7月の法改正により有効期限が撤廃された。しかし，教員免許更新制の実施に伴い，2009年からは普通免許同様，10年で更新しなければならないことになった。

　特別免許状の有効期限が撤廃されたのは，「授与を受ける側にとって身分について不安感を与え」ているため授与が進まないので，「特別免許状の授与を受ける者の身分の安定を図るため」という理由からであった。「教員不足や大学における養成になじまない教科等」について実施している教員資格認定試験も，有効期限の撤廃された特別免許状の授与を利用することで必要がなくなる，という認識も示された。しかし，更新制により，普通免許状を含めて10年の有効期限を設けてしまったことは，特別免許状の期限撤廃の根拠と対照しても，整合性の薄い改革であったように見受けられる。この間の教員免許制度に関す

る錯綜する政策意図が見て取れる例である。

特別非常勤講師の制度は，社会的経験を有する人材を学校現場に招致することを目的として，1988年の免許法の改正により制度化された。都道府県教育委員会にあらかじめ届け出て，教科領域の一部に係る事項を担当する非常勤講師について，免許状を有しない者を充てることができる制度（免許法第3条の2）である。1998年の免許法の改正により，それまで小学校で音楽，図画工作，家庭，体育に限られていた対象教科を全教科に拡げ，小中高特において全教科を担当できることとなった。特別非常勤講師は年々増加しており，2004年度においては，小学校約8800件，中学校約3600件，高校約9000件で，総数約2万2000件になっている。

免許状を持つ教員だけで，今日の学校現場の教育課題に対応していくことは難しい。ボランティアを含む外部からの支援者に授業の補助的役割を依頼することは，日常的に広がっている。しかし，教科指導の担当者としての中心的な役割を通常の免許システムを経ない人物に依拠することは，免許状主義の本質に対する疑問を前提とすることになる。これらの法的な措置の位置づけが再度問われなければならないだろう。

4　教員免許の更新制導入

2000年12月の教育改革国民会議最終報告においては，「教師の意欲や努力が報われ評価される体制をつくる」観点から「教員免許更新制の可能性の検討」が提言された。これを受けた，中教審答申（2002年2月21日）は，教員免許更新制の可能性について，それが「教員の適格性確保のための制度」である場合と「教員の専門性を向上させる制度」である場合に分けて厳密に吟味した結果，どちらも「現時点における我が国全体の資格制度や公務員制度との比較において」，導入には慎重にならざるを得ない，と結論づけていた。免許の更新制と引き換えの形で提案されたのが，10年経験者研修であり，2002年6月12日の教育公務員特例法一部改正により2003年度より実施された。

2006年7月11日には，中教審答申「今後の教員養成・免許制度の在り方に

ついて」が出された⁽³⁾。この答申では，先に導入が見送られた更新制を導入する結論に変化した。2006年答申で提言された更新制は，「いわゆる不適格教員の排除を直接の目的とするものではなく」，定期的に必要な刷新（リニューアル）を図るための制度であって，2002年に検討された更新制とは基本的性格が異なるものとされた⁽⁴⁾。2007年6月27日の教免法の改正によって，教員免許の更新制が制度化された。

> 教育職員免許法第9条　普通免許状は，その授与の日の翌日から起算して十年を経過する日の属する年度の末日まで，すべての都道府県（中学校及び高等学校の教員の宗教の教科についての免許状にあつては，国立学校又は公立学校の場合を除く。次項及び第三項において同じ。）において効力を有する。
> 2　特別免許状は，その授与の日の翌日から起算して十年を経過する日の属する年度の末日まで，その免許状を授与した授与権者の置かれる都道府県においてのみ効力を有する。
> 3　臨時免許状は，その免許状を授与したときから三年間，その免許状を授与した授与権者の置かれる都道府県においてのみ効力を有する。（中略）
> 　第9条の2　免許管理者は，普通免許状又は特別免許状の有効期間を，その満了の際，その免許状を有する者の申請により更新することができる。
> 2　前項の申請は，申請書に免許管理者が定める書類を添えて，これを免許管理者に提出してしなければならない。
> 3　第一項の規定による更新は，その申請をした者が当該普通免許状又は特別免許状の有効期間の満了する日までの文部科学省令で定める二年以上の期間内において免許状更新講習の課程を修了した者である場合又は知識技能その他の事項を勘案して免許状更新講習を受ける必要がないものとして文部科学省令で定めるところにより免許管理者が認めた者である場合に限り，行うものとする。（中略）
> 　第9条の3　免許状更新講習は，大学その他文部科学省令で定める者が，次に掲げる基準に適合することについての文部科学大臣の認定を受けて行う。
> 　　一　講習の内容が，教員の職務の遂行に必要なものとして文部科学省令で定める事項に関する最新の知識技能を修得させるための課程（その一部として行われるものを含む。）であること。（中略）
> 　　四　その他文部科学省令で定める要件に適合するものであること。
> 2　前項に規定する免許状更新講習（以下単に「免許状更新講習」という。）の時

間は，三十時間以上とする。
3 免許状更新講習は，次に掲げる者に限り，受けることができる。
　一　教育職員及び文部科学省令で定める教育の職にある者
　二　教育職員に任命され，又は雇用されることとなつている者及びこれに準ずるものとして文部科学省令で定める者
4 前項の規定にかかわらず，公立学校の教員であつて教育公務員特例法（昭和二十四年法律第一号）第二十五条の二第一項に規定する指導改善研修（以下この項及び次項において単に「指導改善研修」という。）を命ぜられた者は，その指導改善研修が終了するまでの間は，免許状更新講習を受けることができない。

5　更新制の問題点

　このような性急な法改正をめぐる問題点は，多くの論者が指摘するところであり，運用上も多くの課題が山積しており，答申が予定するような制度の実施が疑問視され，相当の混乱が予想された。

　まず，制度そのものの必然性が不明確である。教員の資質向上のために，教職に携わるための知識・技術が常に新しく保たれなければならないという要請は，広く合意の得られるところであろう。しかし，そのことと，免許の効力が失効してしまう方法とは，直接的にはつながらない。教育基本法第9条の精神が活かされ，教員が「絶えず研究と修養に励」むことが，免許の失効する制度を必然的に要求するものではなく，第2項の規定するところを素直に読めば，身分の安定を保障し，充実した研修制度を用意することで，資質向上の要求に応えていくことが望まれる。

　第2の問題は，新法の施行以前に取得した有効期限の無い免許についても，講習を受けなければ失効することとしたことである。通例，法の適用は時間を遡って行われることはないが，更新制はこれまでの法律適用と大きく異なった対応を実施する。このことを，中教審答申は，次のように説明している。「今後新たに教員免許状を取得する者についてのみ更新制を適用することでは，公教育に対する保護者や国民の信頼に十分応えることができず，更新制の導入の目的そのものが実現し得なくなる」「また，既に授与された教員免許状が終身

有効であることは，一つの既得権益でもあるが，このような権益は必ずしも絶対不可侵のものではなく，前述したような公共の要請により，合理的な範囲内で新たに制約を課すことは許容し得る」。

　3点めは，更新講習の実施主体に関する部分である。この最も重要な部分が法的には，何ら規定されていないため，免許状更新講習の開設義務は教育委員会にも，また実際に役割を担うことになった大学にも無く，文部科学省に対して条件整備義務も課されていない[5]。講習に関する経費の負担についても，基本的には教員による自己責任によることになっており，社会において重大かつ組織的な教育の将来は，各教員による受講や大学の講習開設といった，個人や組織の善意によって支えられるという，まったく不確かな制度として出発することとなった。

　運用上の問題も看過できない。遠隔地における講習の受講は，ｅ－ラーニングの利用にたよることになるが，そのための設備の用意は，個人の努力によるものであるし，講習に参加する場合宿泊を伴うようなことがあったとしても，その負担もやはり個人に帰することになる。更新は教員個人の問題であるとの考えから，講習の申し込みや実際の受講で学校のパソコン等は使用できず，勤務時間中には行えないという指導をする教育委員会・校長もあり，受講に対する教員へのバックアップの不十分さは，研修の充実という考え方からは大きく離れたものになってしまっている。

　運用上の改善点を多くかかえてスタートした制度であったが，民主党への政権交代によって，その中止が計画にあがっている。しかし，この制度と引き替えに提案されている教員養成の6年制化は，もっと非現実的なプランに見え，更新制が本当に2010年度で終了するかどうかは，不確実な状況にある。

　わずか1年で廃止がとりざたされるようになった同制度は，一部で評価される事例があるものの，一般的には評判がよくはなく，教員の資質向上への効果も明解ではない。

第2節　新しい校長・教員像

1　校長・教頭の資格要件の緩和

　新しい時代の校長・教頭や教員は，これまで期待されていたような役割とは異なる像を要求されることとなった。校長や教頭の資格要件の緩和が進んでいる。新時代の学校の校長は，教育に関する理解や識見を有し，地域や学校の状況・課題を的確に把握しながら，学校の経営にリーダーシップを発揮することが要求される。職員の意欲を引き出し，関係機関等との連携・折衝を適切に行い，組織的・機動的な学校運営を行うことが重要だとされている。

　1998年9月21日の中教審答申「今後の地方教育行政の在り方について」を受けて，学校教育法施行規則が改正され，2000年4月より，教員免許状がなくとも一定の要件を満たせば校長・教頭となれるようになった。とくに校長については，「教育に関する職」に就いた経験がない者（いわゆる民間人校長）も採用できることになった。

表7.1　教員出身でない者の校長任用実績

	2000	2001	2002	2003	2004	2005	2006	2007	2008	2009
民間人等	0	6	21	56	76	92	89	87	80	82
その他	1	3	4	8	9	11	13	15	19	14
計	1	9	25	64	85	103	102	102	99	96

（注）「民間人等」とは，原則として，教員免許を持たず，「教育に関する職」に就いた経験がない者をいう。「その他」とは，教員免許を持たないが，「教育に関する職」に10年以上就いた経験がある者をいう。
（出所）文部科学省「公立学校教職員の人事行政の状況調査について」各年版をもとに作成

表7.2　教員出身でない者の教頭任用実績

	2004	2005	2006	2007	2008	2009
民間人等	0	0	0	5	5	7
その他	4	7	11	15	21	38
計	4	7	11	20	26	45

（出所）表7.1に同じ（2009年度より副校長を含む）

民間人校長の任用は，全国的に見るとほぼ100人前後で頭打ちとなっている。学校経営の活性化のためのプラスの効果が注目される一方で，2003年には広島県で民間人校長が自殺するなど，教職員との摩擦のようなマイナス面も問題視されるようになった。

教頭については，2006年より校長と同様に，民間人からの登用が可能となった。しかし，実際の任用実績は校長ほど多くはない。

2 教員の新しい職制

学校の組織運営体制及び指導体制の充実を図るため，2007年の学校教育法の改正により，「主幹教諭」「指導教諭」「副校長」という新しい職制が導入された。この新しい法制は，教育再生会議の第一次報告（2007年1月24日）を受けて，改正教育基本法に基づいて改正された，いわゆる教育改革関連三法による制度改革のうちのひとつである[6]。東京都などで，法制化に先行して実施されてきた副校長，主幹職に加えて，指導的役割の教諭も置かれることとなった。

学校教育法第37条には，副校長は「校長を助け，命を受けて校務をつかさどる」（第5項），主幹教諭は「校長（副校長を置く小学校にあつては，校長及び副校長）及び教頭を助け，命を受けて校務の一部を整理し，並びに児童の教育をつかさどる」（第9項），指導教諭は「児童の教育をつかさどり，並びに教諭その他の職員に対して，教育指導の改善及び充実のために必要な指導及び助言を行う」（第10項）と規定された。

これによって，これまで基本的にはフラットな組織であった教員集団は，ピラミッド型の階層組織に再編されることとなった。教頭の職務が「校務を整理し，及び必要に応じ児童の教育をつかさどる」と規定されていることに比べると，副校長は権限も大きく，経営的役割を担うことが明確になっている。主幹教諭は，主任制[7]とは異なり，中間管理職的な性格を持つものとされる。指導教諭は，中教審答申「新しい時代の義務教育を創造する」（2005年10月26日）や教育再生会議第一次報告に示された「スーパーティーチャー」の提案を受け

たもので，すでに宮崎県などに先駆事例がある。中教審答申「今後の教員給与の在り方について」(2007年3月29日)によれば，主幹教諭や指導教諭は，給与上その職に見合った適切な処遇を図るため，それに対応した新たな級を創設することが望ましいとされている。

このような組織の導入による効果は，職階の多層化とそれに伴う校長主導の運営体制の強化，及び，指導教諭設置に示される学校における職能の水平的分化にあるとされる(8)。その目的は，今日の様々な学校の直面する課題解決のための効率的組織経営を可能にすることにある。

3 法化による新しい校長・教員像の効果

全国の地域で進む先行事例が，中央政策によるこのような学校経営組織に関する法化に与える影響は少なくない。しかし，中央による法化以前に先駆的事例が登場する状況があることからすると，このような制度化は，必ずしも地域の独自の実践を後押しするための方法ではない。一方で，管理強化が進む制度改革の根拠法が明確ではない，とするような批判は，上のような法改正を促進させる動機の一部となり，新しい法規定によって批判は封じ込められる。制度化は，教員給与に関する国庫負担措置と連動しながら，全国に画一的な重層組織を拡大することにつながる。

問題は，このような校長・教員像と組織モデルが，現実の学校経営の課題に応えられる法制度改革となりえているか，という点にある。学校選択とも絡んだ競争原理の中での特色ある学校経営のためには，資格要件の緩和や新しい職制が有効に働く可能性がある。校長・教頭の経営者としての像は，一部の学校ではカンフル剤として効き目があるかのように見えているが，すべての学校・子ども全体の教育を強化することには必ずしもつながっていかない。

とくに新しい学校の課題に対しては，判断の速く責任の明確な組織運営が求められ，実際の対処では協力的な取り組みを可能にする組織モデルが有効に働くと考えられる。すべての教員に高い責任を要求したり，能力のある教員が力を発揮したりできるという平板なモデルの持っていた可能性を，新しい時代の

学校経営組織の中でも実現していくことが望まれる。

校長や教頭から降任を希望するような教員の存在は，この時代の学校経営の困難さを象徴しているとも考えられるし，教科指導を中心とする教員固有の仕事に対する希望も感じさせる。専門職としての教員の成長モデルについても，多くの教員が希望を託せる，教育実践のやりがいを担保できるものの構築が必要となるだろう。

4　教職大学院とリーダー養成

2007年3月の専門職大学院設置基準の改正により，教職大学院が位置づけられた。これは，中教審答申「今後の教員養成・免許制度の在り方について」（2006年7月11日）において制度の創設が提言されたもので，2年以上の在学と45単位以上の履修（内10単位以上が実習）を基本的な修了要件とし，専任教員のうち4割以上を教職等としての実践経験を有する実務家教員とする（通常の専門職大学院は3割）こととされている。教職大学院では，①実践的な指導力を備えた新人教員の養成と，②現職教員を対象に，スクールリーダー（中核的中堅教員）の養成が目指されている。

しかし，現実に設置されたそれらの将来像は必ずしも明確ではない。2008年の設置状況は，全国で19大学706名の入学定員を擁しており，全体では，国立1.2倍，私立1.8倍，合計1.3倍の志願倍率であるが，中には定員割れを起こしている大学院もある。

対象としている入学者が大学新卒と現職教員の双方で，大学院の修了によって養成された専門職者の技量は一様ではない。また教員養成系大学に設置されている既存の大学院修士課程との違いも明確ではない。これは，修了者に対する社会的な処遇に起因するところが大きいとも考えられる。教職大学院を修了したことによって，何らかの職務に独占的に従事できるとか，役職や資格手当の優遇措置が明確になっているわけでもない。教職大学院は，制度的な位置づけがあいまいなまま出発することになった。ただし，地域の教育委員会と連携協力した運営を行っている事例などには，今後の展開が期待できる可能性もある。

第3節　教員評価と研修制度の充実

1　指導力の不足する教員の処遇

　教員の職能成長は，OJT（on-the-job training）に多くが期待され，教員は現職の中で育つもの，という認識が強くある。その点，日常の教育活動の中での授業研究を中心に，経験の度合いを異にする教員集団が切磋琢磨しながら成長するという教員像が支持されてきた。しかし，精神疾患をはじめとする病気休職者や懲戒処分を受ける教員，指導が不適切な教員の認定者数の増加により，このような期待を含んだ教員の成長を待つ方法では事足りず，問題とされる教員に対する直接的な処遇方法が要求されるところとなっている(9)。

　2001年の地方教育行政の組織及び運営に関する法律（以下「地教行法」）の改正によって，「児童又は生徒に対する指導が不適切であること」および「研修等必要な措置が講じられたとしてもなお児童又は生徒に対する指導を適切に行うことができないと認められること」の2つの条件を満たす場合に，教員を免職し，引き続いて当該都道府県の常時勤務を要する職（指導主事並びに校長，園長及び教員の職を除く）に採用することができることになった（第47条の2）。しかし，実際にはこのような免職や転職となった2001年以降2006年までの対象者数は，それぞれ0，0，3，1，2，7名と，ほとんど目立たない状態となっている。

　2007年3月30日の教育公務員特例法（以下「教特法」）の改正によって，指導が不適切な教員に対する指導改善研修が実施されることになった（第25条の2）。指導改善研修の期間は，原則1年間であり，最長2年までとすることができる。任命権者は，指導改善研修を受ける者の能力，適性等に応じて，その者ごとに研修に関する計画書を作成しなければならず，かつ，研修の終了時において，指導改善研修を受けた者の児童等に対する指導の改善の程度に関する認定を行わなければならない。この認定は，教育委員会規則で定めるところにより，教育学，医学，心理学その他の児童等に対する指導に関する専門的知識

を有する者及び当該地域に居住する保護者の意見を聴かなければならない。任命権者は，認定により指導の改善が不十分で，なお指導を適切に行うことができないと認められる場合，免職その他の必要な措置を講ずる（第25条の3）。

　2007年の法改正の経緯は，次のように説明されている[10]。教育再生会議の第一次報告は，教員免許更新制の導入により，厳格な修了認定と分限制度によって不適格教員に厳しく対応することを求め，一部の委員によって教員に対する不信の表明がなされた。しかし，中教審では，この提言で学校教育改革はできず，教師の意欲をそぐことになるとの見方から，研修と改善，その結果判定の措置を公正公平に実施するために，教特法の改正が行われ，指導改善研修の規定が盛り込まれた。

2　人事管理システムのガイドライン

　教特法の改正を受けて，「指導が不適切な教員に対する人事管理システムのガイドライン」（2008年2月8日）が出された。

　ガイドラインによれば，「指導が不適切である」教諭等とは，「知識，技術，指導方法その他教員として求められる資質，能力に課題があるため，日常的に児童等への指導を行わせることが適当ではない教諭等のうち，研修によって指導の改善が見込まれる者であって，直ちに分限処分等の対象とはならない者」をいう。具体的には，①教科に関する専門的知識，技術等が不足しているため，学習指導を適切に行うことができない場合（教える内容に誤りが多かったり，児童等の質問に正確に答え得ることができない等），②指導方法が不適切であるため，学習指導を適切に行うことができない場合（ほとんど授業内容を板書するだけで，児童等の質問を受け付けない等），③児童等の心を理解する能力や意欲に欠け，学級経営や生徒指導を適切に行うことができない場合（児童等の意見を全く聞かず，対話もしないなど，児童等とのコミュニケーションをとろうとしない等）である（19文科初第541号，2007年7月31日）。原因が精神疾患に基づく場合には，本措置の対象にならず，医療的観点に立った措置や分限処分によって対応すべきとされる。校長，教頭，副校長，主幹教諭，指導教諭は指導改善研修の対象ではな

い。こうした職の者の職務に関し課題が生じている場合には，速やかに降任させる等の措置が検討される。

　ガイドラインによれば，「指導が不適切である教員」の認定には至らないが，「指導に課題のある教員」がおり，教育委員会として必要な支援策を講じるとともに，校長等の管理職や指導主事等から指導・助言を行い，指導の改善を図ることが求められている。

3　人事管理厳格化の問題点

　このような指導力不足教員の処遇をめぐっては，第1にその認定についての客観性の問題がある。ある教員の指導力が足りないと判断するためには，判定者の専門的力量を高める必要がある。その上で，改善のための研修制度の内容充実が図られなければならない。指導力不足の認定に際しては，十分な異議申し立ての機会の保障と，管理職や同僚教員によるサポート体制の強化が前提として必要である。

　指導の「不適切さ」を，個人の能力の問題だけに原因帰属することはフェアではない。メンタルヘルスに問題を抱えたり，長期休職に追い込まれたりするような教員は，生徒指導や人間関係からのストレスに直面している[11]。そのような，学校現場の厳しい状況についても考慮する必要がある。このような環境に起因する問題は重大で，ある学校やクラスでは指導がうまくいったとしても，別の場面や異なる学校，考え方の違う管理職の下では力が発揮できない，ということもあり得る。

　すでに法改正以前から，不採用数や指導力不足教員認定数が増加し，教員志願者は減少する傾向にあり，このような人事管理の強化策を問題視する指摘もある[12]。分限処分（地方公務員法第28条1項）や免職・再雇用（地教行法）の法規定以上に厳格化しなければならない必然性を十分に説明できる根拠は明確ではない。

4 教員評価制度の実施

 2000年度より実施された東京都の人事考課制度は，全国的な教員評価実施に大きな影響を与えている。「東京都立学校教育職員の人事考課に関する規則」（教育委員会規則第56号）（1999年12月24日）によれば，その目的は，「能力と業績に応じた適正な人事考課を行うことにより，職員の資質能力の向上及び学校組織の活性化を図ること」にある（第1条）。新しい教員評価制度は，これまで形骸化されていた勤務評定に代わって導入されるもので，評価結果を給与や昇任に反映させる成果主義的な要素を強く持っている。

 このような日本の教員評価制度について，教員団体からの異議申し立てを受けて，ILO・ユネスコ教員の地位勧告適用共同専門家委員会（CEART）が調査報告を発表している。調査団の結論によると，評価制度は，「発展的（教員，特に力の不十分な教員の専門的能力向上をめざす）というより規範的（指定した基準を満たすことを求める）であり」，「調査団の訪問したすべての県で手続きの透明性と客観性には懸念が残る」，「教員評価制度の設計と運用に教員団体との十分な協議と合意がない」，「規範的あるいは警告的手段による質の確保に依存する傾向の大きい評価制度は，教員／学習者のプロセスの有形，無形の期待をすべて考慮した質向上を必ずしも保障するものではない」など，不適切な要素を多く含んでいると判断されている[13]。

 教員評価制度については，上で見たような問題教員への対応以外，現在のところ，国による法的規定にまでは至っておらず，地域での制度化が進められている。そこでは，専門職の力量形成と成果主義的な業績査定という，対立する制度の性格をめぐっての議論がある[14]。一方，日本も批准しているILO・ユネスコ「教員の地位に関する勧告」は，法的拘束力を直接発揮しないが，国際的基準としての性格を持っている。勧告は，評価制度の客観性を重視し，手続きにおいては教員団体や当人との十分な話し合いを前提とし，評価の透明性を確保する必要性について述べている。成果主義型の制度は，与えられた仕事をこなす教員像・分断された教員像を前提としており，集団として成果を上げる専門的・自律的な教員像は支持されない。

5　境界と整合性のゆらぐ教員制度

　教員の資質改善として，研修制度の充実と指導が不適切な教員を排除するシステムの構築は，政府内部の対立や制度説明の曲折を伴って，この間複雑な経緯をたどっている。例えば，文部科学省は当初，10 年経験者研修と教員免許の更新の目的は異なるもの，と説明していた[15]。しかし，免許状の更新講習を実施する段になって，一部は置き換えることがあってもよい，というように方針を転換している。

　10 年経験者研修制度の実施に当たって発出した「教育公務員特例法の一部を改正する法律等の公布について（通知）」（14 文科初第 575 号）では，教育センター等において実施する校外研修の期間を 20 日間程度（幼稚園については 10 日間程度）と想定していた。更新講習の実施に伴う現職研修の内容・日数の精選により，当該校外研修の期間を現行の日数から 5 日間程度短縮することも考えられるようになった（20 文科初第 913 号，2008 年 11 月 12 日）。また，都道府県，指定都市又は中核市の教育委員会において，大学等と連携するなどして免許状更新講習を開設し，当該免許状更新講習を現職研修としても位置づけて実施することも考えられている（同前）。

　「指導が不適切な教員」についての認定と更新制のかかわりにおいては，「免許状の有効期間が更新されたことをもって，教特法に基づく『指導が不適切である』教諭等には該当しないこととはならないことに留意することが必要である」（ガイドライン「10．その他」）と説明されており，更新講習によって最新の知識・技能があると認定された教員が「指導が不適切」である可能性が残されている。

　教員免許の更新制は，教員養成課程を持つ大学に更新講習の実施を肩代わりさせたことで，免許権者による質的管理の一部が移管された。実際にはほとんどの教員の免許が更新されることになると予想されるが，免許更新の決定に関しては，制度上，大学が大きな権限を持つ。しかし，その仕組みについては，明確な法的規定が存在しない。成績評価によって免許が更新されない可能性が生じ，更新制という「研修制度」に排除の論理が持ち込まれることとなった。

一部の自治体を中心に広がる「教師塾」は，入職前の教員志願者＝大学教職課程履修者の一部，に対する青田買いシステムであり，これもまた，法の縛りを受けない新たな教員養成システムとして機能し始めている。

　一方で，これまで機能してきた初任者研修制度（教特法第23条）や大学院修学休業制度（同法26条）といった法制化された教員の資質向上の制度は，このような制度改革の中でどのように位置づけられることになるのか，相対的に不明瞭になってきている。

　新しい時代の教員制度は，法的な規定のないまま実施主体に大きな責任と権限がなし崩し的に認められる危うい制度である。文部科学省は大きな権限を持って，省令や通知，ガイドラインにより制度の詳細を指し示す。養成・採用・研修それぞれのシステムの担い手の相互信頼は前提とされていない。今次の制度改革で展開する機能の乗り入れは，構造化された相互のチェック体制の構築というよりは，不用意に持ち込まれた，機能不全の制度改革にしか見えない。

【笠井　尚】

注

（1）体験期間は，同法で，「7日間をくだらない範囲内において文部科学省令に定める期間」とされており，同法施行規則で，体験期間は7日間と定められている。同日付の文部事務次官通達により，7日間の内訳について，社会福祉施設等5日間，特殊教育諸学校2日間とすることが望ましいことが示された。

（2）教職実践演習は，2006年の中教審答申で提案され，教免法施行規則の改正により，総合演習に代わって教職必修科目として位置づけられた。2010年大学入学生より適用される。これに伴い，総合演習は，教職科目から外されることとなった。教職実践演習設置後は，大学は総合演習を開講しなくてもよい。しかし，このことは，近々まで総合演習の実施内容を厳格に指導していたことからすると，総合演習の扱いに関する中教審・文部科学省の対応は，不当に軽々しいものと考えられる。

　例えば，「平成19年度教員免許課程認定大学実地視察について」では，次のように指摘されていた。

　「総合演習」について

　「総合演習」についての指摘は，この科目の創設以来，毎年度指摘を行っており，未だ科目の趣旨が十分理解されているとは言いがたい状況にある。総合演習の趣旨・目的は，

人間尊重・人権尊重はもとより，地球環境，異文化理解など人類に共通するテーマや少子・高齢化と福祉，家庭の在り方など我が国の社会全体に関わるテーマについて，教員を志願する者の理解を深め，その視野を広げるとともに，これら諸課題に係る内容に関し適切に指導することができるようにすることにある。その内容には，上記のような諸課題のうち，1以上のものに関する分析及び検討並びにその課題について幼児，児童又は生徒を指導するための方法及び技術を含めることが求められている。

　しかしながら，当該科目について，「総合的な学習の時間」の目標，内容，方法等についての理解を図ることが内容となっていたり，同科目で取扱うテーマ・課題が限定的になっており，学生がテーマを選択することができないような科目設定を行っている大学があった。このため，上記の設置趣旨を再度説明し，当該科目の目的や内容をすみやかに検討するように指摘した。

(3)　すでに，2005年12月9日中教審答申の中間報告において，更新制は導入の方向に変化していた。前の答申からわずか3年での方針転換である。
(4)　経緯としては，更新制導入の方針が決められたあとで，制度目的を免許のリニューアルであるとする中教審と，問題教員の排除とすべきとした安倍首相・教育再生会議の間の政府内部が対立した。このような経過の後，2007年に更新制と不適格教員の排除について，教免法，教特法の2法が改正された。佐久間亜紀「教育職員免許法改正は現場をどう変えるか」『季刊教育法』No.154，エイデル研究所，2007年，11頁。
(5)　山口和孝「重大な問題点・矛盾を抱える教員免許更新制」『高校のひろば』69号，旬報社，2008年，54頁。
(6)　ただし，3法の趣旨説明では，教育再生会議報告への言及はない。三上昭彦「教育改革関連三法－制定の経緯と問題点」『季刊教育法』No.154，エイデル研究所，2007年，参照。
(7)　主任等は，それぞれの職務事項について，教職員間の連絡調整及び関係職員に対する指導，助言に当たるもので，いわゆる中間管理職ではない（文部事務次官通達昭51・1・13文初地第136）。
(8)　大野裕己「改正学校教育法で変わる学校現場－校長主導の学校運営体制へ」『季刊教育法』No.154，エイデル研究所，2007年，18頁。
(9)　これ以前の指導力不足教員問題の政策動向（1986年の臨教審第二次答申～2001年中教審への教員免許更新制諮問まで）については，浦野東洋一「『指導力不足教員』問題についての覚え書き」『季刊教育法』No.129，エイデル研究所，2001年を参照。
(10)　梶田叡一「新しい教育基本法の制定を受けた教育関係四法の改正について」『教育委員会月報』2007年9月号，6頁。
(11)　中島一憲は，業務量格差から生じる達成感の不足や士気の低下を問題視して，セルフケアと校内支援体制の構築が重要であると指摘している（「教職員のストレス・多忙感を

どう解消するか」『教職研修』2007 年 3 月号)。
(12) 市川昭午「教育職員免許法等の改正 (考察・教育基本法の改正 18)」『教職研修』2007 年 8 月号, 64-65 頁。
(13) 「ILO・ユネスコ　教員の地位勧告適用共同専門家委員会 (CEART) 日本における教員の地位勧告不遵守に関する申し立てについての調査団報告 (特集　教員免許更新制－何が問題か?)」『教育』2009 年 4 月号, 国土社, 117 頁。報告では, このほか, 評価制度が基づくコンセプトが教育の特別なニーズや制約を必ずしも反映したものではないこと, 業績と報償を結びつけることに多くの教員が批判的であることに調査団が留意していること, 絶対評価であるべき業績評価が予算制限により非常に相対的であり客観的でないこと, などについても指摘されている。
(14) 東京都の制度は, 評価結果のフィードバックが不十分であり, 評価内容についても具体性に乏しく, 専門職としての力量形成のためには十分ではないとされる。他律的, 孤立的教員像の問題性についても, 次を参照。片山信吾「教師評価」榊達雄ほか編『現代教育と教師』大学教育出版, 2006 年。
(15) 例えば, 2008 年 3 月 25 日の第 169 回国会, 参議院文教科学委員会で, 文部科学大臣官房総括審議官の金森越哉は,「十年経験者研修は, 任命権者である各教育委員会により, 採用されて十年程度を経た公立学校教員に対しまして, 得意分野づくりや専門性を高めることを促すための制度として平成十五年度より実施されているものでございます。また一方, 教員免許更新制は, 国公私立すべての教員に対して, 教員免許状取得後十年ごとに, 最新の知識, 技能を身に付けさせるための制度と位置付けているものでございまして, 両者はその趣旨, 目的等を異にするものでございます。

その運用におきましても, 開設者や実施形態, 期間, 職務との関係において両者は異なっておりますし, 特に教員免許更新制では, 講習の課程の修了の認定が試験による成績審査により厳格に行われるなどの点におきまして, 十年経験者研修と大きく異なっているものと考えております。」と答えている (この他, 2007 年 6 月 5 日文科省初中局長銭谷眞美の答弁など)。

しかし, 2007 年 12 月 25 日の 168 回国会, 参議院文教科学委員会では, 中教審の「教員養成部会におきましては, 先般ワーキンググループの報告が取りまとめられましたが, その中では, 十年経験者研修につきましても, 一定の要件を満たせば免許状更新講習としての認定を受けることを可能とするとともに, 免許状更新講習を教育委員会の判断により十年経験者研修の一部として実施することも可能とする方向で検討が行われているところでございます。」とも述べており, すでにその扱いが流動的なものと考えられていたことがわかる。

第 166 回国会の教免法改正に際しての, 衆院・教育再生に関する特別委員会, 参院・文教科学委員会での付帯決議では,「現職研修と免許状更新講習との整合性の確保, 特に十年経験者研修の在り方について検討すること」が要請された。

第8章　子どもと教育法

　近年の教育改革の全体構造は、「国家統制」と「規制緩和」という概念が、同時に、または連関をもちながら展開している。

　このような教育改革の構図の中で、子どもの教育（家庭教育／幼児期の教育・保育／生徒指導）について考えるとき、「国家統制」を「教育制度の国家統制」と「教育的価値の国家統制」という二側面からとらえることが有効であろう。

　すなわち、「国家統制」を、教育制度と教育的価値とのバランスの中においてとらえた場合、それが必ずしも「規制緩和」と対立する概念とはならない状況が起こりうる。さらに「規制緩和」が教育における「民営化」や「市場化」へと展開していく状況が生まれるとすると、家庭教育や教育・保育において前提とされてきた「教育の私事性」が、責任を一層強く伴うものとして現れることが予想される。

　本章では、子どもをめぐる教育法として、家庭教育、幼児期の教育・保育、生徒指導の法をとりあげる。今日の子どもは、それぞれの発達段階において、どのような環境のもとで、どのような法的関係にあり、権利を保障されているのだろうか。

第1節　家庭教育と教育法

1　家庭教育の法的位置づけ

　2006年に改正された教育基本法では、「家庭教育」（第10条）に関する条文が新設された。第1項では、父母その他の保護者に対して「子の教育についての第一義的責任」を有する者であるとし、さらに、そこでは「生活のために必

要な習慣を身に付けさせるとともに，自立心を育成し，心身の調和のとれた発達を図るよう努める」ことが確認されている。ここで示されているのは，家庭教育における努力義務であり目標であるととらえることができる。第2項では，「家庭教育の自主性を尊重」することを確認した上で，学習の機会や情報の提供などの「家庭教育を支援するために必要な施策を講ずる」ことを，国及び地方公共団体の家庭教育における努力義務として規定している。

改正以前の教育基本法で家庭教育を規定した箇所と比較してみる。旧法による規定は，「家庭教育及び勤労の場所その他社会にいて行われる教育は，国及び地方公共団体によつて奨励されなければならない」(旧法第7条) というものであり，広く「社会教育」の領域に含まれていた。旧法における「奨励」から，改正法における「支援」という言葉で示されているように，国や地方公共団体による積極的な家庭教育への関与を志向しているといえる。

あわせて，第11条では「生涯にわたる人格形成の基礎」として幼児教育の重要性をあげ，そのための「良好な環境の整備その他の方法」による国及び地方公共団体の「振興」の必要性を規定している。この場合，幼児期の教育とは，「幼稚園，保育所等で行われる教育のみならず，就学前の幼児に対して家庭や地域で幅広く行われる教育を含めた教育を意味している」(2007.6.5 衆議院・教育基本法に関する特別委員会，馳文部科学副大臣答弁) とされる。

この点，改正法では，「三者がそれぞれに子供の教育に責任を持つとともに，相互に緊密に連携協力して教育の目的の実現に取り組むことが重要」(2007.6.5 衆議院・教育基本法に関する特別委員会，小坂文部科学大臣答弁) であるとして，「学校，家庭及び地域住民等の相互の連携協力」(第13条) を新設している。

就学前の家庭教育・幼児教育を，家庭の「私事性」の領域から国家の「公共性」の領域に位置づけたことで，新たな公教育体制への変化が予想される。

第10条（家庭教育）
　父母その他の保護者は，子の教育について第一義的責任を有するものであって，生活のために必要な習慣を身に付けさせるとともに，自立心を育成し，心身の調和のとれた発達を図るよう努めるものとする。

> 2 国及び地方公共団体は，家庭教育の自主性を尊重しつつ，保護者に対する学習の機会及び情報の提供その他の家庭教育を支援するために必要な施策を講ずるよう努めなければならない。
>
> 第11条（幼児期の教育）
> 　幼児期の教育は，生涯にわたる人格形成の基礎を培う重要なものであることにかんがみ，国及び地方公共団体は，幼児の健やかな成長に資する良好な環境の整備その他適当な方法によって，その振興に努めなければならない。
>
> 第13条（学校，家庭及び地域住民等の相互の連携協力）
> 　学校，家庭及び地域住民その他の関係者は，教育におけるそれぞれの役割と責任を自覚するとともに，相互の連携及び協力に努めるものとする。

　このように，改正教育基本法において「家庭教育」「幼児期の教育」を新設し，その教育的価値を規定しあわせて条件整備の必要性が示されたことは，子育てへの社会的支援を進める法的な根拠を示したという意義をもつといえよう。

　ただし，それらが法的に位置づけられたということは，従来「私事」の領域とされてきた家庭教育を「公共」の領域に移行して，国家的介入を法的に容認する可能性を同時にもつ。家庭教育の「公共性」強化の背景のひとつが，家庭における教育力の低下である[1]。核家族化・少子化・都市化など，社会構造の変化や価値観の多様化の中で，親の育児不安が増加し，児童虐待の事例も報告されている。家庭教育の「私事性」すなわち親権等を含んだ「親の教育権（教育意思）」を尊重することが，必ずしもすべての場合において，家庭教育の自主性を高めることに結びつかない状況が生まれている。

　このような社会の変化の中で，90年代以降，国や地方自治体は，家庭教育を支援するための積極的な政策を打ち出してきている。それらは，「エンゼルプラン」（1994年），「新エンゼルプラン」（1999年）における提案を経て，「少子化対策基本法」（2003年）では，「地域社会における子育て支援体制の整備」（第12条）等が位置づけられるに至った。また，「家庭教育手帳」の配布（1999年）や，「子どもの生活リズム向上プロジェクト（早寝早起き朝ごはん運動）」（2006年）などの政策は，従来では家庭の生活世界の「私事」とされてきた領域へと積極的に介入しようとする政策であるといえる。

このように，家庭教育への社会的支援が重要であるとして国による家庭への支援が手厚くなるほど，本来ならば各家庭の生活世界の中で，個人の価値観等を基盤として構築される家庭教育のあり方と，国が提示する一元化された家庭教育像との乖離が拡大するのは明らかで，そのことが新たな課題を生み出す可能性がある。

2　児童虐待と子どもの権利

民法第820条では親権者に対し「子の監護及び教育をする権利を有し，義務を負う」と規定しているが，近年，親権をもつ者やその他の保護者がこの権利を乱用する例や義務を放棄する例が急増している。厚生労働省によると，2008年度に全国の児童相談所で対応した児童虐待の相談件数は4万2662件にのぼり，1998年度（6932件）の約6倍に達している。しかし実際には，この数以上の相談や情報提供に至らない虐待事例が存在していることが予想される。

児童虐待において一貫した課題となるのは，児童虐待をどうとらえるのかという点に他ならない。このことは，児童虐待の「発生」「発見・対応」の両方の局面においてその解決を困難にしている。虐待の多くが，「躾のつもり」という誤った認識のもとで行われている。さらに，虐待行為を発見した者も，それを親権の行使ととらえるのか，虐待行為ととらえるのかの判断をためらい，結果として対応が遅れてしまうことがある。

「児童虐待の防止等に関する法律」は，児童虐待の問題の急増を背景として，2000年5月に制定された。第1条ではその目的を以下のように規定する。

> 第1条
> 　この法律は，児童虐待が児童の人権を著しく侵害し，その心身の成長及び人格の形成に重大な影響を与えるとともに，我が国における将来の世代の育成にも懸念を及ぼすことにかんがみ，児童に対する虐待の禁止，児童虐待の予防及び早期発見その他の児童虐待防止に関する国及び地方公共団体の責務，児童虐待を受けた児童の保護及び自立の支援のための措置等を定めることにより，児童虐待の防止等に関する施策を促進し，もって児童の権利利益の擁護に資することを目的とする。

第2条では児童虐待の定義を明文化しているが，これによると児童虐待は，①身体的虐待，②性的虐待，③ネグレクト，④心理的虐待の4つに類型化される。
　児童虐待の定義が法的に位置づけられたことは，それまで虐待行為と認識されてこなかった行為を含め広くその対象ととらえ，早期発見・早期対応を可能にした意義をもつ。また同時にそのことは，規定された行為以外の虐待を見逃す可能性を伴う。そのため児童虐待の防止等に関する法律では，附則において法律の施行後3年以内の制度の見直し規定が明記されており，この附則に基づいて2000年の制定以降，2004年4月，2007年6月に改正を行ってきている。
　2004年の改訂では，児童虐待を定義している条文を改正しており，たとえば保護者以外の同居人による虐待行為を保護者が放置することや，家庭における配偶者（事実上の婚姻関係にあるものを含む）間の暴力等の有害な言動等を，虐待行為として新たに規定している。

> 第2条（児童虐待の定義）
> 　この法律において，「児童虐待」とは，保護者（親権を行う者，未成年後見人その他の者で，児童を現に監護するものをいう。以下同じ。）がその監護する児童（18歳に満たない者をいう。以下同じ。）について行う次に掲げる行為をいう。
> 1　児童の身体に外傷が生じ，又は生じるおそれのある暴行を加えること。
> 2　児童にわいせつな行為をすること又は児童をしてわいせつな行為をさせること。
> 3　児童の心身の正常な発達を妨げるような著しい減食又は長時間の放置，保護者以外の同居人による前2号又は次号に掲げる行為の放置その他の保護者としての監護を著しく怠ること。
> 4　児童に対する著しい暴言又は著しく拒絶的な対応，児童が同居する家庭における配偶者に対する暴力（配偶者（婚姻の届出をしていないが，事実上婚姻関係と同様の事情にある者を含む）の身体に対する不法な攻撃であって生命又は身体に危害を及ぼすもの及びこれに準ずる心身に有害な影響を及ぼす言動をいう。）その他の児童に著しい心理的外傷を与える言動を行うこと。

　2007年の改訂では，児童相談所等による立ち入り調査の権限強化や，保護者に対する面会・通信等の制限（都道府県知事による接近禁止命令），行政による予防的な対応などが盛り込まれ，2008年4月より施行されている。

学校関係者に対しては，児童虐待を発見しやすい立場にあることを自覚し，早期発見に努めなければならないとされる。

> 第5条（児童虐待の早期発見）
> 　学校，児童福祉施設，病院その他児童の福祉に業務上関係のある団体及び学校の教職員，児童福祉施設の職員，医師，保健師，弁護士その他児童の福祉に職務上関係のある者は，児童虐待を発見しやすい立場にあることを自覚し，児童虐待の早期発見に努めなければならない。
> 2　前項に規定する者は，児童虐待の予防その他の児童虐待の防止並びに児童虐待を受けた児童の保護及び自立の支援に関する国及び地方公共団体の施策に協力するよう努めなければならない。
> 3　学校及び児童福祉施設は，児童及び保護者に対して，児童虐待の防止のための教育または啓発に努めなければならない。
> 第6条（児童虐待に係る通告）
> 　児童虐待を受けたと思われる児童を発見した者は，速やかに，これを市町村，都道府県の設置する福祉事務所若しくは児童相談所又は児童委員を介して市町村，都道府県の設置する福祉事務所若しくは児童相談所に通告しなければならない。

1989年11月に，国連総会で採択された「児童の権利に関する条約」は，子どもを権利行使の主体として位置づけたものであり，わが国は1994年にこれを批准した。子どもの権利を保障する施策の整備の一つとして，法務省は同年，「子どもの人権専門委員」という制度を設けた。

これらを受けて，今日に至るまで自治体による子どもの権利保障の取り組みが進展している。「川崎市子どもの権利に関する条例」は，わが国で最初の子どもの権利に関する総合的な条例である。川崎市では，1998年9月に「川崎市子ども権利条例検討連絡会議」および「川崎市子ども権利条例調査研究委員会」を設置し市民や子どもの参加のもと条例案をまとめ，2000年12月に，「川崎市子どもの権利に関する条例」を市議会の全会一致で可決し，制定した。

ここでは児童虐待について，親の虐待にあわせて，懲戒権を逸脱した体罰の禁止についても踏み込んで規定している。これは，虐待事例の多くが「しつけとしての体罰」が日常化していくことで暴力がエスカレートし虐待に至ってい

ることを受け,「体罰によらないしつけ」の支援を推進するものとされる(2)。

　児童虐待は, 家庭や地域のあり方など, 当事者自らはそれを自分の固有性であると容易には認識できない, 認識・行動様式, 規範意識等が生み出すものである。その意味では, 国や行政による介入と, 地域社会による支援のいずれが欠けても防止・発見・解決を困難にするのではないだろうか。その意味では, 上記のように条例を制定するという取り組みそのものが, 地域の子どものあり方やそれをとりまく環境をとらえ直すという, 有効なプロセスとしての意義をもつといえよう。

> 第1条（目的）
> 　この条例は, 子どもの権利に係る市等の責務, 人間としての大切な子どもの権利, 家庭, 育ち・学ぶ施設及び地域における子どもの権利の保障等について定めることにより, 子どもの権利の保障を図ることを目的とする。
> 第19条（虐待及び体罰の禁止）
> 　親等は, その養育する子どもに対して, 虐待及び体罰を行ってはならない。
> 第20条（虐待からの救済及びその回復）
> 　市は, 虐待を受けた子どもに対する迅速かつ適切な救済及びその回復に努めるものとする。
> 2　前項の救済及びその回復に当たっては, 二次的被害が生じないようその子どもの心身の状況に特に配慮しなければならない。
> 3　市は, 虐待の早期発見及び虐待を受けた子どもの迅速かつ適切な救済及びその回復のため, 関係団体等との連携を図り, その支援に努めるものとする。

第2節　幼児期の教育・保育と教育法

1　幼稚園・保育所の法と実態

　就学前の子どもの教育施設・保育施設として, 幼稚園と保育所がある。共通に小学校就学前の子どもを対象とするが, その目的・機能および根拠法令等が大きく異なる。近年, 少子化の進行を背景に, 幼稚園・保育所のあり方が大きく変わろうとしている。

従来，幼稚園は，満3歳から小学校就学の始期に達するまでの幼児を対象とし，学校教育法第1条にもとづく文部科学省を所管とした「学校」と位置づけられる。その目的は「義務教育及びその後の教育の基礎を培うものとして，幼児を保育し，幼児の健やかな成長のために適当な環境を与えて，その心身の発達を助長すること」(学校教育法第22条)とされる。

> 第3章　幼稚園
> 第22条（目的）
> 　幼稚園は，義務教育及びその後の教育の基礎を培うものとして，幼児を保育し，幼児の健やかな成長のために適当な環境を与えて，その心身の発達を助長することを目的とする。

それに対して保育所は，児童福祉法第7条にもとづく厚生労働省を所管とした「児童福祉施設」である。「保護者の委託を受けて，保育に欠けるその乳児又は幼児を保育することを目的」(児童福祉法第39条)とする。

> 第39条
> 　保育所は，日日保護者の委託を受けて，保育に欠けるその乳児又は幼児を保育することを目的とする施設とする。
> 2　保育所は，前項の規定にかかわらず，特に必要があるときは，日日保護者の委託を受けて，保育に欠けるその他の児童を保育することができる。

目的や根拠法令や基準の違いにより，幼稚園と保育所はその設置や運営においても同様に表8.1のような違いをもつ。

保育所への入所をめぐる運営の基準と実態についてみてみる。保育所は，「保育に欠ける」(児童福祉法第39条)乳幼児を対象としている。「保育に欠ける」とは，児童の保護者が「当該児童を保育することができない」(児童福祉法施行令第27条)場合のことを意味しており，同法にその条件が規定されている。実際，「保育に欠ける児童」の判断は，それぞれの自治体の裁量すなわち条例に任される形になっている。今日，特に都市部において，保育所に入所申込が提

表 8.1　保育所と幼稚園の違い

区　分		保 育 所	幼 稚 園
内　容	対象児	0歳～就学前の保育に欠ける乳幼児	満3歳～就学前の幼児
	開園日数	約300日	39週以上（春夏冬休みあり）
	保育時間	11時間以上の開所 ※延長，一時保育を実施	4時間を標準 ※預かり保育を実施
	保育・教育内容	保育所保育指針	幼稚園教育要領
人　員	保育士・教諭の配置基準	0歳　　　　3：1 1・2歳　　6：1 3歳　　　20：1 4・5歳　　30：1	1学級35人以下
	資格	保育士（国家資格）	幼稚園教諭
財源と保育料	運営に要する経費	国庫負担金	［私立］私学助成 ［公立］交付税措置
	保育料	市町村ごとに保育料設定。所得に応じた負担。	［私立］各幼稚園で設定 ［公立］市町村ごとに設定
施　設	施設基準	保育室，遊戯室，屋外遊戯場，調理室，便所 ※屋外遊戯場は付近にある場合でも可	運動場，職員室，保育室，遊戯室，保健室，便所，飲料水用設備等 ※運動場は幼稚園と同一敷地内・隣接
根　拠　法		児童福祉法	学校教育法
入　所		市町村と保護者の契約	保護者と幼稚園の契約

出されており入所要件に該当しているが，希望の保育所の定員の状況等により入所していない「待機児童」が常態化するようになり，2008年4月1日における待機児童数は全国で1万9550人に達する。待機児童のいる市町村数は370で，全市町村数の20.4％，500人以上の待機児童がいる市は4市（仙台市，横浜市，大阪市，川崎市）である。

例えば横浜市では，児童福祉法施行令に示す条件「昼間労働することを常態としていること」（児童福祉法施行令第27条）に対応して，「会社や自宅を問わず，1日4時間以上，月16日以上働いているとき」という判断基準を定めている。さらに入所選考基準として，就労状況をもとに5段階からの基準を設定して，入所基準の判断を行っている[3]。

児童福祉法
第24条（保育所への入所）
　市町村は，保護者の労働又は疾病その他の政令で定める基準に従い条例で定める事由により，その監護すべき乳児，幼児又は第39条第2項に規定する児童の保育に欠けるところがある場合において，保護者から申し込みがあつたときは，それらの児童を保育所において保育しなければならない。ただし，付近に保育所がない等やむを得ない事由があるときは，その他の適切な保護をしなければならない。

児童福祉法施行令
第27条（保育所への入所基準）
　法（児童福祉法）第24条第1項の規定による保育の実施は，児童の保護者のいずれもが次の各号のいずれかに該当することにより当該児童を保育することができないと認められる場合であって，かつ，同居の親族その他の者が当該児童を保育できないと認められる場合に行うものとする。
　1　昼間労働することを常態としていること。
　2　妊娠中であるか又は出産後間がないこと。
　3　疾病にかかり，若しくは負傷し，又は精神若しくは身体に障害を有していること。
　4　同居の親族を常時介護していること。
　5　震災，風水害，火災その他の災害の復旧に当たっていること。
　6　前各号に類する状態にあること。

　このように，子どもの就学前教育・保育において，幼稚園を利用するのか保育所を利用するのかという保護者の選択は，国家法（「児童福祉法」）の基準では保護者の就労形態によって規定される。一方で，近年の少子化の進行による子どもの減少，都市化や核家族化による子育ての変化，就労形態の変化（女性の就労率の上昇，パートタイムや深夜就労などの就労形態の多様化）により，保育のニーズが多様化している。これらの社会状況に対応して，幼稚園，保育所それぞれが従来の役割を大きく変容させてきている。この傾向は1990年代より今日に至るまで急速に展開しており，保育の実態において両者は今日，国家法の位置づけに反して，その役割を接近させてきているといえる。

幼稚園では、「1日の教育課程に係る教育時間は4時間を標準とする」（幼稚園教育要領）ことが規定されている。しかし、少子化と母親の就労による入園希望者の減少を受けて「預かり保育」を行うようになった。「預かり保育」とは、保護者の希望に応じて、4時間を標準とする幼稚園の教育時間の前後や、土曜・日曜、長期休業期間中に、地域の実情や保護者の要望に応じて教育活動を行ってきたものである。1997年の「預かり保育推進事業」で予算化されたことを契機に本格化し、1998年に改訂された幼稚園教育要領に初めて位置づけられた。2008年度における「預かり保育」の実施率は全体で72.5％（公立幼稚園47.0％、私立幼稚園88.8％）であり[4]、幼稚園が従来の保育所の機能を併せ持ってきている実態がわかる。

　また、「預かり保育」は今日、子育て支援事業として位置づけられているが、私立幼稚園の経営対策、待機児童の解消、職業などはもっているが子どもを幼稚園に通わせたい保護者に対する必要な支援策等、様々に機能している。

幼稚園教育要領総則
第3　教育課程に係る教育時間の終了後に行う教育活動など
　幼稚園は、地域の実態や保護者の要請により教育課程に係る教育時間の終了後等に希望する者を対象に行う教育活動について、学校教育法第22条及び第23条並びにこの章の第1に示す幼稚園教育の基本を踏まえ実施すること。また、幼稚園の目的の達成に資するため、幼児の生活全体が豊かなものとなるよう家庭や地域における幼児期の教育の支援に努めること。

　保育所も幼稚園と同様、新しい機能をもつようになってきている。「一時保育」「延長保育」等がそれである。「一時保育」とは、保護者が一時的に子どもの保育ができない状況で、保育所が子どもを預かる制度として、1990年より市町村を事業主体とする国の補助事業として開始された。当初は、保護者のパートタイム就労や、職業訓練、就学等による「非定型保育」利用と、保護者の病気、災害、事故等による「緊急保育」利用が主であったが、1998年より、育児疲れ解消等の私的な理由が可能となった。これらは、就労していない保護者に対しても、児童福祉法の「保育に欠ける」という入所要件にかかわらず、

保育所の利用を部分的に開くものである。「延長保育」は、保育所の通常の保育時間の11時間を超えて保育を行うもので、2007年度において、認可保育所のうちの65.8％が実施している。

このように幼稚園と保育所は、基盤となる法的な位置づけにおいては明確な違いを保持しながら、保育の実態の変化に対応して、今日ではそれぞれが新しい機能をもっているといえる。

特に、地域の実態に応じた独自の運用としては、すでに1970年代に、幼稚園や保育所の機能を独自に分化、あるいは一体化させた運営に取り組んできた自治体もあった。近年では、過疎地の幼稚園と保育所を別々に運営することが困難になった自治体が幼稚園と保育所の統合を進めたり[5]、東京都や横浜市などでは、認可外保育所を独自の基準で認定して、補助を行うなどの動きがみられる[6]。

以上のように、幼稚園・保育所の法には、国家法における形式的な基準と、地域法における保育の実態に応じた基準とが、今日に至るまで二元的に存在してきたといえる。

2 幼保一元化の動向と認定子ども園

このように、1990年代以降は、新しいニーズへの対応の必要から、幼稚園では、預かり保育を導入するなど「保育所化」を進め、保育所では、従来の入所要件である「保育に欠ける」を部分的に取り払った運営を行っている状況にある。また、幼稚園と保育所を別々に運営することが困難な自治体においても、幼稚園と保育所を一体化させた運営が進んでいる。

しかしながら今日に至るまで、幼稚園・保育所の制度的な一元化には至っておらず、両者を一体的に運営したとしても、財源や保育料の体系の違いにより、行政や現場の負担が大きくなっている現状があった。このため、「幼保一元化」への要求が保育現場から長年にわたって出てきていた。

このような現場からの「幼保一元化」への動きに対して、通知「幼稚園と保育所との関係について」（文部省初等中等局長、厚生省児童局長・1963年）で示さ

れた「幼稚園は幼児に対し，学校教育を施すことを目的とし，保育所は，『保育に欠ける児童』の保育を行うことを，その目的とするもので，現状においては両者は明らかに機能を異にするものである。」(7)という方針を示している。

このような所管省庁の違いにもとづく幼稚園・保育所の二元的な位置づけは保育の実態にかかわらず長らく変わることがなかったが，1990年代後半以降，ようやく，制度の一体化へと動き出すことになる。「幼稚園と保育所の施設の共用化等に関する指針」（1998年10月）における施設・設備の共用化の指針の策定や，教育・保育内容の基準である幼稚園教育要領・保育所保育指針の整合性の確保（1998年・1999年），幼稚園教諭・保育士それぞれ養成課程の見直し（2000年）等である。

これらの新しい動きはもちろん，少子化等の急速な社会の変化を受けた動きではあるが，あわせて，それを受けた経済界主導の改革が動機になっていることは看過できない。1995年に地方分権推進法が成立し，以降，今日に至るまで，あらゆる領域において規制改革が進行している。地方分権推進委員会の第一次勧告（1996年）では，上記の動きに先だって，幼稚園・保育所の共有化等の弾力的運用が提言された。

すなわち幼保一元化は「文部（科学）省・幼稚園」「厚生（労働）省・保育所」の歩み寄りによってというよりむしろ，経済界や内閣府主導の構造改革路線に強く影響を受けながら展開してきたといえよう。幼児期の教育・保育において，規制緩和の動きはどのような意味を持ってきたのだろうか。

首相の諮問機関として置かれた「総合規制改革会議」は，2002年10月に「構造改革特区推進のためのプログラム」を策定し，全国的な規制改革に先駆けた特定区域における先行的取り組みを提案した。2003年1月には「構造改革特別区域法」が制定され，構造改革特区を場として，幼稚園・保育所に関する行政の一元化，施設設備の基準，資格制度，職員配置，幼児受け入れなどに関する基準の統一化について，また全国規模において，株式会社等による学校設置を幼稚園に拡大することを提案している。

これに対して，文部科学省・厚生労働省は，現行法の基準にもとづき幼稚

園・保育所それぞれの役割があり，制度の統一は困難であると否定し，あくまでも現行法の枠内で運用の改善により一体的な運営が可能であると主張した。

しかし，幼保一元化の政策化は加速し，総合規制改革会議における「規制改革のためのアクションプラン」(2003.2.27)における議論を受け，「経済財政運営と構造改革に関する基本方針2003」(2003.6 閣議決定)において，就学前の教育と保育を一体として捉えた一貫した総合施設の設置を 2006 年度までに可能とすることを決定，その後，文部科学省・中央教育審議会初等教育分科会幼児教育部会と，厚生労働省・社会保障審議会児童部会による合同の検討会議が「就学前の子どもの教育・保育を一体として捉えた一貫した総合施設について（審議のまとめ）」を提出した。その後，1年間のモデル事業を経て，2006 年 3 月に「就学前の子どもに関する教育，保育の総合的な提供の推進に関する法律案」を提出し，6月に可決成立，10月1日から「認定こども園」が設置されることになった。

> 第1条（目的）
> この法律は，我が国における急速な少子化の進行並びに家庭及び地域を取り巻く環境の変化に伴い，小学校就学前の子どもの教育及び保育に対する需要が多様なものになっていることにかんがみ，地域における創意工夫を生かしつつ，幼稚園及び保育所等における小学校就学前の子どもに対する教育及び保育並びに保護者に対する子育て支援の総合的な提供を推進するための措置を講じ，もって地域において子どもが健やかに育成される環境の整備に資することを目的とする。

この場合，成立した同法は，幼保一元化のための政策法であり，今後の幼保一元化のシステムを立ち上げる重要な法的基準を示す国家法となる。これまでの幼保一元化の展開の中で認定こども園をどう位置づけ，どう評価すればよいのだろうか。

第1条に示されるように認定こども園は，「小学校就学前の子どもに対する教育及び保育を提供する機能」と，「保護者に対する子育て支援を行う機能」の両方を備えることが求められる。同法第3条に規定されるように，認定こども園には以下の4つの類型がある。①認可幼稚園と認可保育所とが連携して一

体的な運営を行う「幼保連携型」、②認可幼稚園が新たに保育所の機能を備える「幼稚園型」、③認可保育所が新たに幼稚園の機能を備える「保育所型」、④幼稚園・保育所いずれの認可もない施設が新たに（認定こども園の）認定を受ける「地方裁量型」[8]である。①②③のタイプについては、認定こども園の「認定」を受けても、本来の「認可」は失わないとされる。

認定は都道府県知事が行うとされるが、その基準については、「文部科学大臣と厚生労働大臣が協議して定める施設の設備及び運営に関する基準を[9]を参酌して都道府県の条例で定める基準の認定に適合すること」（第3条1項4）と規定される。

本来の幼稚園における基準、保育所における基準と、認定こども園の基準は対象児童の在籍・年齢との関係でどう位置づけるのかについて議論をよんだ。

国が示した基準の一部を、従来の幼稚園・保育所における基準（表8.1）と比較してみると、従来の幼稚園・保育所、いずれの基準からも認定こども園の基準は、部分的な引き下げを可能にするものとなっている。認定こども園における基準は、それが、従来の認可基準に付加価値を加えた基準というよりも、むしろ幼稚園・保育所双方のそれらを折衷することで、結果的には教育・保育の水準を低下させる方向に働く危険性が高いといえよう。

認定こども園制度は、当初指向された「幼保一元化」の実現というよりも、むしろ規制緩和の拡大路線の中で、その位置づけが不明確になったといえよう。

教育・保育における規制緩和路線は今後も進行することが予想できるが[10]、教育や保育について、個別の環境にもとづく自律性や多様性の存在を理想的前提とみる時、あるいはそのような性質をもった教育や保育が存在する状況で、

表8.2 認定こども園の認定件数

	認定件数	公私の内訳		類型別の内訳			
		公立	私立	幼保連携型	幼稚園型	保育所型	地方裁量型
2007年4月	94	23	71	45	32	13	4
2008年4月	229	55	174	104	76	35	14
2009年4月	358	87	271	158	125	55	20

規制を緩和することの意味を再考することが必要ではないだろうか。

第3節　生徒指導と教育法

1　児童生徒への懲戒・体罰

改正教育基本法においては，第1条（教育の目的）を受け，第2条に教育の基本理念について，「知識と教養，情操と道徳心，健やかな身体」「勤労を重んずる態度」「公共の精神」「環境の保全」「我が国と郷土への愛」という5つの目標として新設したことに特徴をもつ。改正教育基本法の議論の中で2006年10月に安倍内閣の下に設置された教育再生会議はこれらの理念を受けて，当時，社会問題になっていた「いじめ問題への緊急提言」(2006年11月）を経て，第一次報告「社会総がかりで教育再生を」(2007年1月）では7つの提言の1つとして「すべての子どもに規範を教え，社会人としての基本を徹底する」こと，4つの緊急対応の1つとして「いじめ問題対応」を示した。学校教育法の改正においては，改正教育基本法には位置づけされていなかった「規範意識」という言葉を，「道徳心の基礎として重要である」(2007.5.10　衆議院教育再生に関する特別委員会，銭谷眞美初等中等教育局長答弁）ものとして位置づけることになる。道徳と規範意識との相互関係については，道徳が「どちらかというと極めて個人的な価値の強い言葉」（同・伊吹文部科学大臣答弁）であるのに対し，規範意識は「社会に言い伝えられてきている，法に書かれざる暗黙の社会のルールのようなもの」と解釈された。

これらのことを受け，生徒指導において従来からの理念に加え，近年，児童生徒の規範意識の醸成が新たな課題とされている。「児童生徒の規範意識の醸成に向けた生徒指導の充実について」(2006.6.5　初等中等教育局児童生徒課長通知）では，「児童生徒の自己教育力の育成」と「家庭や地域レベルにおける児童生徒の規律ある態度や規範意識の育成」を期すること，「学校や社会のきまり・ルールを守ることの意義・重要性」について指導する等の指針が示された。

では，児童生徒の生活世界の実際と，それをとりまく社会の，懲戒・体罰に

対する認識はどのようなものであろうか。昭和40年代を中心とした「管理教育体制」下の時代，「体罰」は生徒規則とともに児童・生徒を集団管理する道具として横行した時代があった。これらの時代，「体罰」を規定する法律の条文は，形骸化していたといえる。しかし近年，多くの「体罰」裁判は，子どもの基本的人権の尊重と保護の観点から，厳しく「体罰」を糾弾する傾向へと変わった。極端には，教師による子どもへの「身体に対する侵害」はすべて「体罰」と認定する傾向に変わった。「身体に対する侵害」以外にも，教育的配慮に欠ける発言等が，懲戒の範囲を逸脱し，違法な行為すなわち「体罰」の範囲に拡大される傾向に変わった。

このように，教育政策と法改正，社会の認識，児童生徒の実態には，懲戒を必要とする要求と，それを退ける要求の両者が併存している状況がみられる。

このような時代においては，懲戒・体罰を教育法においてどのように理解し，生徒指導上の課題を認識する必要があるのだろうか。

児童生徒に対する懲戒について，学校教育法では，「校長及び教員は，教育上必要があると認めるときは，文部科学大臣の定めるところにより，児童，生徒及び学生に懲戒を加えることができる。ただし，体罰を加えることはできない。」（第11条）と規定している。すなわち，児童生徒に対する懲戒は，法律により認められた学校の処分であることを意味する。さらに懲戒は，「法的効果を伴う懲戒」と「事実行為としての懲戒」に区分される。

第11条
校長及び教員は，教育上必要があると認めるときは，文部科学大臣の定めるところにより，児童，生徒及び学生に懲戒を加えることができる。ただし，体罰を加えることはできない。

前者については，学校教育法施行規則第26条で以下のような適用基準が定められており，処分の種類と適用対象に留意する必要がある。

> 第26条
> 校長及び教員が児童等に懲戒を加えるに当つては，児童等の心身の発達に応ずる等教育上必要な配慮をしなければならない。
> 2 懲戒のうち，退学，停学及び訓告の処分は，校長（大学にあつては，学長の委任を受けた学部長を含む。）がこれを行う。
> 3 前項の退学は，公立の小学校，中学校（学校教育法第71条の規定により高等学校における教育と一貫した教育を施すもの（以下「併設型中学校」という。）を除く。）又は特別支援学校に在学する学齢児童又は学齢生徒を除き，次の各号のいずれかに該当する児童等に対して行うことができる。
> 1 性行不良で改善の見込みがないと認められる者
> 2 学力劣等で成業の見込みがないと認められる者
> 3 正当の理由がなくて出席常ではない者
> 4 学校の秩序を乱し，その他学生又は生徒としての本分に反した者
> 4 第2項の停学は，学齢児童又は学齢生徒に対しては，行うことができない。

「法的効果を伴う懲戒」とは，懲戒のうち学校教育法施行規則第26条の2において定められた「退学」「停学」「訓告」であり，校長等だけがこれを行うことができるとされる。たとえば「退学」は，学校教育法第26条の3に定められた要件に該当する場合に行うことができるが，公立の小学校・中学校，特別支援学校の小学部・中学部に在籍する義務教育年限の児童・生徒を退学させることは法的に不可能とされる。ただし，義務教育年限の小学生・中学生であっても，国立学校・私立学校・公立の中等教育学校の前期課程に在籍する児童・生徒に対しては，法的には退学処分が可能である。これらの学校を退学した場合でも，公立の小学校・中学校への就学が法的に保障されているからである。

このように，児童生徒の懲戒，特に「法的効果を伴う懲戒」の内容については法律により厳格な規定がなされている。それは，懲戒処分そのものは教育的指導を目的としながら方法としては，児童生徒の学習権を一部あるいは一時的に制限するという二重性をもつことによるからである。

それに対する「事実行為としての懲戒」とは，叱責や注意，罰当番などのようなものがあげられるが，これらは，違法な懲戒すなわち「体罰」との境界で，

問題とされることが多い。懲戒か体罰かの境界について現行法は明確な基準を示していないが，過去「児童懲戒権の限界について」（1948.12 法務庁法務調査意見長官通達）や，「生徒指導に対する体罰禁止に関する教師の心得」（1949.8 法務府）等による行政解釈上の基準を参考とした指導が行われてきた。

しかし，「新しい荒れ」など児童生徒の問題行動が増加する中，文部科学省は「問題行動を起こす児童生徒に対する指導について」（2007.2 初中局長通知）において，懲戒・体罰の認定基準を定めた。これによると，懲戒の内容が「身体に対する侵害を内容とする懲戒（殴る，蹴る等），被罰者に肉体的苦痛を与えるような懲戒（正座・直立等特定の姿勢を長時間にわたって保持させる等）」に当たると判断された場合は体罰に該当することが確認された。あわせて，児童生徒に肉体的苦痛を与えるものでない限り，通常体罰に当たらない例として，以下の内容が例示された。

○放課後等に教室に残留させる（用便のためにも室外に出ることを許さない，又は食事の時間を過ぎても長く留め置く等肉体的苦痛を与えるものは体罰に当たる）。
○授業中，教室内に起立させる。
○学習課題や清掃活動を課す。
○学校当番を多く割り当てる。
○立ち歩きの多い児童生徒を叱って席につかせる。

あわせて，児童生徒から教員等に対する暴力行為に対して，防衛のために行った有形力（目に見える物理的な力）の行使や，他の児童生徒に被害を及ぼすような暴力行為に対して，これを回避したり制止したりするために行った有形力の行使は体罰に当たらないことが確認された。

近年，小・中学校においても懲戒処分に代わる教育措置が求められる状況が生まれてきた。すでに述べたように，現在の法律では，小・中学校の児童・生徒に対しては，国立・私立そして公立の区別なく，停学処分を適用することはできない。一方，「性行不良であつて他の児童の教育の妨げがあると認める児童があるときは，その保護者に対して，児童の出席停止を命ずることができる」（学校教育法第 35 条・第 49 条［中学校への準用規定］）と規定し，停学処分とほぼ

同様の効果をもつ「出席停止」を小・中学校に認めている。このことから，小・中学校では，懲戒処分としての停学処分に代替する措置として，「出席停止」が適用されるという可能性が生じることになる。

> 第35条（児童の出席停止）
> 　市町村の教育委員会は，次に掲げる行為の1又は2以上を繰り返し行う等性行不良であって他の児童の教育に妨げがあると認める児童があるときは，その保護者に対して，児童の出席停止を命ずることができる。
> 　1　他の児童に傷害，心身の苦痛又は財産上の損失を与える行為
> 　2　職員に傷害又は心身の苦痛を与える行為
> 　3　施設又は設備を破壊する行為
> 　4　授業その他の教育活動の実施を妨げる行為
> 2　市町村の教育委員会は，前項の規定により出席停止を命ずる場合には，あらかじめ保護者の意見を聴取するとともに，理由及び期間を記載した文書を交付しなければならない。
> 3　前項に規定するもののほか，出席停止の命令の手続きに関し必要な事項は，教育委員会規則で定めるものとする。
> 4　市町村の教育委員会は，出席停止の命令に係る児童の出席停止の期間における学習に対する支援その他の教育上必要な措置を講ずるものとする。

しかし，法の見方として重要なのは，「出席停止」は「本人に対する懲戒という観点からではなく，学校の秩序を維持し，他の児童・生徒の義務教育を受ける権利を保障するという観点から設けられていること」（1983.12.5 初等中等教育局長通知「公立の小学校及び中学校における出席停止の措置について」）にある。すなわち，「出席停止」は，「懲戒処分」ではなく，あくまでも他の児童・生徒の学習権を保護するための緊急避難的措置であり，また本人に対しても処分ではなく，教育的指導措置ということになる。既出の文部科学省通知，「問題行動を起こす児童生徒に対する指導について」（2007.2 初中局長）では，出席停止制度についても同様に，「活用」する方向での運用の見直しを提言した。そこでは，「必要と認める場合には，市町村教育委員会は，出席停止制度の措置をとることをためらわずに検討する」としている。

その提言を受けて，2001年に学校教育法の一部を改正し，出席停止の運用のための見直しを行った。その見直しは，出席停止の対象となる具体的な行為を掲げ，要件の明確化を図ったこと，出席停止の手続きに関する規定を整備したこと，出席停止期間中の児童・生徒に対する学習支援等の措置について明記することである。

　この見直しを行ったことで，出席停止の適用がスムーズになり，被害を受ける他の児童・生徒の学習権の保障が拡大し，さらに，出席停止のための手続き規定を整備することにより，その適用の公正さが確保され，これまでの学校側の法の運用の曖昧さが解消されるといえよう。

2　いじめと教育法

　「いじめ」をめぐる法的関係は，児童生徒の権利を侵害する行為主体が，等しく児童生徒である点において特徴的である。そこでの法的措置は，いじめを行った児童生徒（加害生徒）と，いじめを受けた児童生徒（被害生徒）の権利のせめぎあいを調整する機能を本質的にはもつといえる。しかしながら，本来「法的問題としてのいじめ」として処理されるべき事件が，加害児童・生徒への「教育的配慮」という言葉の下に，「教育的指導で解決すべきいじめ」として措定されることが少なくなく，学校のこのような囲い込み主義的な姿勢が，いじめの被害を拡大する例がみられる[11]。

　従来，文部科学省は「いじめ」を「自分より弱いものに対して一方的に，身体的・心理的な攻撃を継続的に加え，相手が深刻な苦痛を感じているもの」さらに「学校がその存在を認識しているもの」（1993年まで）と定義してきた。しかし2006年以降，「当該児童生徒が，一定の人間関係のある者から，心理的，物理的な攻撃を受けたことにより，精神的な苦痛を感じているもの」と改正された。この新しい定義は，いじめにあたるか否かの判断を，表面的・形式的に行うことなく，いじめられた本人の立場に立って判断することを重視している点で，実態に即した方向に改正されたと評価されている。以上の新しい定義に変更されてからの全国調査では，その認知件数は前年度の6倍で，約12万

5000件に達した。詳細には，小学校6万897件，中学校5万1310件，高等学校1万2307件，特別支援学校384件となっている。なお，2006年度調査から公立学校に加えて国公立学校も調査の対象になっている[12]。

「いじめ」の指導において，学校はどのような法的措置をとることができるのだろうか。その行動が，教職員の指導の限界を超えている場合においては，さきにあげた出席停止の措置をとることが可能である。「いじめの問題に関する総合的な取組について」(1996.7 文部省通知) では，「いじめる児童生徒に対し出席停止の措置を講じたり，警察等適切な関係機関の協力を求め，厳しい対応をとることも必要であること」と述べている。

一方，いじめを受けた児童生徒に対しては，上記の通知で同様に，「いじめられる児童生徒には保護者の希望により，関係学校の校長などの関係者の意見も充分にふまえて，就学すべき学校の指定の変更や区域外就学を認める措置について配慮する必要がある」としている。

表8.3 いじめの問題により就学校の指定変更等を受けた児童生徒数

		平成17年度	平成18年度	平成19年度	平成20年度
小学校	1年生	0	5	9	22
	2年生	2	2	20	12
	3年生	2	2	21	16
	4年生	8	6	39	29
	5年生	2	11	61	37
	6年生	8	14	93	69
	計	22	40	243	185
中学校	1年生	13	32	199	141
	2年生	20	42	216	142
	3年生	9	10	59	49
	計	42	84	474	332
特別支援学校	小学部	0	0	0	0
	中学部	0	1	1	0
	計	0	1	1	0
合　　計		64	125	718	517
就学校の指定の変更又は区域外就学を認めた市町村数		12	14	278	191

日常の予防的指導あるいは上記のような事後的な教育的指導をもってしても，いじめが収束しなかった場合，あるいは学校側がそれを怠った場合には，被害生徒，加害生徒をめぐって損害賠償請求をともなうような法的関係に至ることがある。

　殴る・蹴るなどの行為は一般的には，刑法上の暴行罪（刑法第208条），傷害罪（刑法第204条）等に相当する。ただし，刑法上の規定「14歳に満たない者の行為は罰しない」（第41条）や，少年法における規定から，加害者側の法的責任は，本人および保護者，学校を対象とする民事上の責任としての損害賠償請求として展開する。

　民事上の責任として，本人及び保護者に対しては，傷害を受けたために必要な治療費及び精神的な損害に対する慰謝料としての損害賠償を請求することができる。学校に対しては，管理責任を怠ったことへの損害賠償請求となる。学校が民事上の責任を負うのは，「いじめ」による傷害や事故の発生を，学校側が予測することができ，かつ，その防止をすることが可能であった場合となる。この場合，公立学校であれば国家賠償法第1条にもとづく責任が，私立学校であれば民法上の不法行為責任を負うことになる。

　「いじめ」を原因とする自殺に対する学校の法的責任を認めた最初の裁判である，いわき市立小川中学校事件判決（福島地裁いわき支　1990.12.26『判例タイムス』746号）では，学校側がいじめを予見することが不可能であったとしても，被害生徒の心身に重大な危害をもたらし続ける悪質・重大な「いじめ」の事実を認識しながらその対応を怠ったと指摘し，学校の安全保持義務における過失と自殺との間に因果関係が認められるとの判断を下した。

　また最近では，中学生のいじめ自殺事件について，一審では安全配慮義務違反のみを認め，いじめから自殺まで5カ月以上経過していることを理由にいじめと自殺との因果関係を否定したが，高裁判決ではうつ病の罹患を認め，いじめがうつ病を起こし自殺を引き起こしたことを認める判決が出ている（2007.3.28　東京高等裁判所　2005年㈱第5173号損害賠償請求控訴事件）。

【生嶌　亜樹子】

注

(1) 2008年度文部科学省調査「家庭教育の活性化支援等に関する特別調査研究」によると，約8割の親が家庭の教育力の低下を実感している。
(2) 「川崎市子どもの権利に関する条例解説書」による。
(3) 横浜市における保育所の入所において，就労に関する基準は以下のものである。基準は6段階で示され，Aが最も順位が高い。その他の基準は，産前産後はD，通学はD，求職中はGなどのものである。あわせて，ひとり親世帯・生活保護世帯・生計中心者の失職等について各項目1ランク，最高で2ランクまでアップする「その他の世帯状況」が例示され，総合的に保育に欠ける程度を判定する。

居宅外労働	月20日以上かつ1日8時間以上，働いている。	A
（外勤・居宅外自営）	月16日以上かつ1日7時間以上，働いている。	B
	月16日以上かつ1日4時間以上7時間未満，働いている。	C
	月16日以上かつ1日7時間以上の仕事に内定している。	D
	月16日以上かつ1日4時間以上7時間未満の仕事に内定している。	E
居宅内労働	月20日以上かつ1日8時間以上，働いている。	B
	月16日以上かつ1日7時間以上，働いている。	C
	月16日以上かつ1日4時間以上7時間未満，働いている。	D
	月16日以上かつ1日7時間以上の仕事に内定している。	E
	月16日以上かつ1日4時間以上7時間未満の仕事に内定している。	F

(4) 文部科学省　平成20年度「幼児教育実態調査」（2008年5月1日），全ての国公私立幼稚園への悉皆調査。実施状況をみると，公立・私立あわせて，週5日（66.8％）午後6時まで（44.3％）行っている園が最も多く，夏季・冬季・春季すべての長期休業期間に実施している園が51.4％に達する。
(5) 文部科学省　平成20年度「幼児教育実態調査」（2008年5月1日）によると，幼稚園・保育所ともに設置している市町村が全体の78.7％，幼稚園のみ設置が1.8％，保育所のみの設置が18.1％となっている。さらに，幼稚園設置市町村における公立・私立幼稚園の設置状況をみると，公・私立ともに設置している市町村が38.3％，公立幼稚園のみ設置が27.0％，私立幼稚園のみ設置が34.8％となっている。
(6) 東京都では2001年より，従来の無認可保育所を活用した「認証保育所」制度を新設した。園庭を必要としない等，都が独自に設置した基準により「認証」を与え助成を行っている。
(7) この通知ではあわせて，保育所のもつ機能のうち幼稚園該当年齢の幼児に対しては幼稚園教育要領に準ずることが望ましいこと，幼稚園と保育所それぞれの普及については，重複や偏在を避けて適正な配置が行われるようにすること，保育所に入所している「保育に欠ける幼児」以外の幼児については，将来幼稚園の普及に応じて幼稚園に入園するよう措置すること等が示された。
(8) 「地方裁量型」についての規定は以下のものである。「都道府県知事は，当該都道府県が設置する施設のうち，第1項各号又は前項各号に掲げる要件に適合していると認める

ものについては，これを公示するものとする」(第3条第3項)。なお，条文中，「第1項各号」とは「幼稚園型」および「保育所型」の要件，「前項各号」とは「幼保連携型」の要件である。
(9) 「就学前の子どもに関する教育，保育等の総合的な提供の推進に関する法律第3条第1項第4号及び同条第2項第3号の規定に基づき，文部科学大臣と厚生労働大臣とが協議して定める施設の設備及び運営に関する基準」(2006年8月)をさす。
(10) なお，民主党はその教育政策で，旧来の「児童手当」を廃止し「子ども手当」としての拡充を図ろうとしている。これは，間接給付から直接給付への転換をその新しさであり効果とするが，幼児期の教育や保育，あるいは家庭教育にとってこれらの政策が，社会的な支援の充実に結びつくのかどうか，注視する必要がある。

民主党「子ども手当法案」

第1条(目的)
　この法律は，子どもを養育している者に子ども手当を支給することにより，次代の社会を担う子どもの成長及び発達に資することを目的とする。
第2条(受給者の責務)
　子ども手当の支給を受けた者は，子ども手当が前条の目的を達成するために支給されるものである趣旨にかんがみ，これをその趣旨に従って用いなければならない。

---

(11) 坂田仰編著『法律・判例で考える生徒指導』2004年，45頁。いじめを，①子ども社会において日常的に見られる「日常的衝突」，②学校教育上見過ごすことのできない程度まで社会化のプロセスから逸脱するようになった「教育課題としてのいじめ」，③教育課題としてのいじめのうち，被害者の法的な権利が著しく侵害されている「法的問題としてのいじめ」に区分し，あわせて，教育課題としてのいじめ全てが法的問題となるわけではなく，教育上の指導を必要とするにもかかわらず，適切な指導を行わなかったというような場合であることを指摘している。
(12) 文部科学省「平成18年度『児童生徒の問題行動等生徒指導上の諸問題に関する調査』について」2007年11月15日。最新の調査(平成20年度)では，小学校4万807件，中学校3万6795件，高等学校5831件，特別支援学校1026件であるが，これをいじめの減少傾向ととらえるのか，潜在的ないじめへの変質ととらえるかには注意が必要である。

資料　川崎市子どもの権利に関する条例

前文
第1章　総則
　　第1条　目的　　　　　　　　　　　第5条　かわさき子どもの権利の日
　　第2条　定義　　　　　　　　　　　第6条　広報
　　第3条　責務　　　　　　　　　　　第7条　学習等への支援等
　　第4条　国等への要請　　　　　　　第8条　市民活動への支援
第2章　人間としての大切な子どもの権利

第9条　子どもの大切な権利
　　　第10条　安心して生きる権利
　　　第11条　ありのままの自分でいる権利
　　　第12条　自分を守り，守られる権利
　　　第13条　自分を豊かにし，力づけられる権利
　　　第14条　自分で決める権利
　　　第15条　参加する権利
　　　第16条　個別の必要に応じて支援を受ける権利
　第3章　家庭，育ち・学ぶ施設及び地域における子どもの権利の保障
　　第1節　家庭における子どもの権利の保障
　　　第17条　親等による子どもの権利の保障　　第19条　虐待及び体罰の禁止
　　　第18条　養育の支援　　　　　　　　　　　第20条　虐待からの救済及びその回復
　　第2節　育ち・学ぶ施設における子どもの権利の保障
　　　第21条　育ち・学ぶ環境の整備等　　　　　第24条　いじめの防止等
　　　第22条　安全管理体制の整備等　　　　　　第25条　子ども本人に関する文書等
　　　第23条　虐待及び体罰の禁止等
　　第3節　地域における子どもの権利の保障
　　　第26条　子どもの育ちの場等としての地域
　　　第27条　子どもの居場所
　　　第28条　地域における子どもの活動
　第4章　子どもの参加
　　　第29条　子どもの参加の促進
　　　第30条　子ども会議
　　　第31条　参加活動の拠点づくり
　　　第32条　自治的活動の奨励
　　　第33条　より開かれた育ち・学ぶ施設
　　　第34条　市の施設の設置及び運営に関する子どもの意見
　第5章　相談および救済
　　　第35条　相談及び救済
　第6章　子どもの権利に関する行動計画
　　　第36条　行動計画
　　　第37条　子どもに関する施策の推進
　第7章　子どもの権利の保障状況の検証
　　　第38条　権利委員会
　　　第39条　検証
　　　第40条　答申に対する措置等
　第8章　雑則

第9章　政権交代と教育法

　2009年8月30日，総選挙により民主党の新政権が誕生した。このことは，単に自民党から民主党への「与党」の交代を指すだけではなく，大きく日本の政治と政策の本質が変わることを意味する。今後，政治家主導の「政治」，官僚主義を否定する官邸主導の「行政」さらに党単独採決も可能な「立法」により，これまでの社会法制は大きく転換することが予想される。

　教育法制も同様である。民主党はそのマニフェストで，「子ども手当」の支給や公立高校の授業料の無償化を「公約」するだけではなく，「6年制教員養成」や「学校理事会」の制度化さらに「教育委員会制度の見直し（廃止）」など，多くの教育制度の改革を「具体策」として示している。これらの一連の教育改革案は，従来の教師教育制度・学校運営体制・教育行政制度を大きく変化させるものである。実際，民主党は教育基本法改正時にその対案として「日本国教育基本法案」を作成している。また，自民党の教育改革関連法案の対案として「学校教育力の向上3法案」（「教育職員の資質及び向上のための教育職員免許の改革に関する法律案」，「新免許法」）「地方教育行政の適正な運営の確保に関する法律案」（「新地教行法案」）「学校教育の環境の整備の推進による教育の振興に関する法律案」（「教育環境整備法案」）を作成している。これらの民主党の教育法案は，新しい政権政党の教育改革法案であり，今後これらの法案が国会に再提出されれば，容易に新しい教師教育制度・学校運営体制・教育行政制度が成立する可能性が高い。

　その意味では，ここで改めてこれらの民主党の教育改革法案を対象として取り上げ，同党の教育法案にみられる教育法の理念や内容を考察する必要がある。それは，今後の日本の教育法制を予見するということにつながる。

第1節　民主党の教育法理念——「日本国教育基本法案」

　まず，民主党の教育法理念をみてみよう。ここでは，民主党の教育基本法改正案であった「日本国教育基本法案」を取り上げ，同党の教育法理念を強く表すと思われる「愛国心」と「学ぶ権利」の規定について考察する。

　民主党の作成した「日本国教育基本法案」は，自民党の教育基本法改正法案の対案として国会に提出され（2006年5月23日），廃案となったものである。しかし，同党が政権をとった現在，それは改めて新政権党（与党）の教育基本法案として再び立法化（現行の教育基本法の改正もしくは廃止を伴って）される可能性をもつ。

　まず，「愛国心」に関する規定（表9.1）をみてみよう。民主党案の「愛国心」規定は，現行法が「我が国と郷土を愛する」というように「我が国」と「郷土」を並べ抑制的であるのに対して，「日本を愛する心を涵養し」と直接的に規定している点に特徴をもつ。そのため，同法案提出時には，その「愛国心」の直接規定性のために日本共産党から「『愛国心』を盛り込み，教育勅語まで礼賛」[1]という批判を受けた。また，日本教育法学会からも「政府案はもとより，民主党対案についても，その速やかな廃案を求める」（同学会声明）と批判された。その一方で，自民党からは一部に評価され[2]，自民党案との「共同修正」を求めるという共同路線化の働きかけもあった。その意味では，民主党の「愛国心」規定も多くの論争をもたらしたといえる。その立法者意思は何であったのだろう。

　民主党は，同法案の提出に際して「教育のススメ『日本国教育基本法案』解説書」（以下「解説書」と略す。）を示しており，そこに同法案の立法者意思をみることができる。それによると，「日本を愛する心の涵養」は以下のように説明されている。

　「まず前文に，わが国が直面する課題について，『人と人，国と国，宗教と宗教，人類と人類，人類と自然との間に，共に生き，互いに生かされるという共

表9.1　愛国心の規定に関する対照表

現行法	日本国教育基本法案（民主党案）
（教育の目的） 第2条　伝統と文化を尊重し，それらをはぐくんできた<u>我が国と郷土を愛する</u>とともに，他国を尊重し，国際社会の平和と発展に寄与する態度を養うこと。	（前文） 　同時に，<u>日本を愛する心を涵養し</u>，祖先を敬い，子孫に想いをいたし，伝統，文化，芸術を尊び，学術の振興に努め，他国や他文化を理解し，新たな文明の創造を希求する。

（下線筆者記入。以下同様）

生の精神を醸成する』必要があることを謳った。そして，共生やコミュニケーションのために必要不可欠な，アイデンティティの醸成を，法全体を通じた基本的な理念にすえることが適当であると判断し，アイデンティティ形成に不可欠な日本の人々の言語，文化，郷土，歴史，風俗，習慣などの総体としての『日本』を愛する心の涵養を明記したところである。なお，日本を愛する心であれ何であれ，心のあり様を強制することは，そもそも不可能であり，教育上適切ではないと民主党は考えている。そうした考えの下，民主党案では『自然に水がしみ込むように育む』という意味の『涵養』という文言を用いた。」

　そこでは，第1に（国民が）愛する対象が「国（家）」ではなく，「日本の人々の言語，文化，郷土，歴史，風俗，習慣などの総体としての『日本』(NIPPON)」[3]であることが強調されている。ここでいう「日本」とは，統治体もしくは権力体としての「国家」を想定したものではない。そのため，「日本を愛する心」は当然に国家主義もしくは国体主義的信条を意味するものではないと解されている。

　しかし，「日本の人々の言語，文化，郷土，歴史，風俗，習慣などの総体としての『日本』(NIPPON)」というとらえ方は，観念的であり，抽象的であり，その点が誤解（論争）を生んだ原因となったといえる。この場合，「国」ではなく「日本」という概念を用いたのは民主党内における賛否の論争の調整という事情があったとされる。当初，民主党の法案は「国を愛し，国際社会の平和と発展に寄与する態度の涵養」と規定されていた。しかし，その規定に関して実際に日本国教育基本法案を検討した「教育基本問題調査会」（調査会長；鳩山

由紀夫，事務局長：鈴木寛）において「賛否が分かれた」とされる(4)。賛成派は，諸外国においても「愛国心の醸成」を法令に規定している例があり，国内においても現在学習指導要領により教えているのであれば，愛国心を法律で取り上げることに問題はないと主張し，反対派は「愛国」が教育目標となり全体主義的なものになると主張した。そうした議論を踏まえ，「『国を愛する態度』との文言をあえて用いず，地域社会，国際社会と並んで，『日本（社会）』の形成者であることに誇りと自覚をもつべく教育されるべきである旨を，教育の目的としてではなく，基本法の前文においてはどうかとの意見が示された」(5)とされる。

ところで，現行法（自民党案）の「我が国と郷土を愛する」の規定にある「我が国」に関しても，立法段階で自民党は「歴史的に形成されてきた国民，国土，伝統，文化などから成る歴史的・文化的な共同体としての我が国」（2006.11.17 第165回臨時国会・参議院本会議，安倍首相の答弁）であるとして，「統治機構，すなわち政府や内閣こういうものを愛せよということは含んでは（いない）」（2006.5.26 衆議院・教育基本法に関する特別委員会，小坂文部科学大臣答弁）と説明していた。その意味では，民主党案にある「日本」は現行法（自民党案）にある「我が国」とあまり相違がないと考えられる。おそらく自民党の同調及び評価はこの点にあったといえる。

しかし，「愛国心」における対象設定の概念（「日本」と「我が国」）に相違がないとしても，民主党の「愛国心」の独自性は「涵養」という行為性に求めることができる。この「涵養」という行為には，「心のあり様を強制することは，そもそも不可能であり，教育上適切ではない」（「解説書」）という前提認識により，「自然に水がしみ込むように育む」（同）意味を重視し，その非強制性を強調している。このことは，「日本を愛する心」の規定自体が「条文」ではなく法の全体理念を訓示的に規定する「前文」に置いたことと無関係ではない。民主党は，「前文」の法的性格を「具体的な下位法令の制定に結びつくという性格のものではない」（「解説書」）として，「愛国心」の規定を「前文」に置いた。以上の点に，民主党の「愛国心」規定の独自性があるといえる。

だが,「愛国心」の規定が「前文」に置かれ,「涵養」を重視したとしても, 憲法学上「前文」自体も当該法全体に「規範的効力」をもつことは通説とされている。さらに, 教育学上「涵養する」(自然に水がしみ込むように育つ) という行為はそれ自体が自律的・自然的な行為とイメージされても, いったん学校教育の教育実践領域に入れば「教育する」という他律性を否応なくもつことが予想される。その意味では, 民主党の「日本の心の涵養」は現実には学校教育において一定の公定力と制度性をもつことは避けられない。この点, 民主党は,「日本を愛する心であれ何であれ, 心のあり様を強制することは, そもそも不可能であり, 教育上適切ではないと民主党は考えている。」(「解説書」) といい, さらに「涵養」という文言の使用により「国家による強制や介入につながる可能性を完全に払拭している」(前掲書の中の「『法と心』について」) という。今後,「日本を愛する心の涵養」を学校教育においてどのように位置づけるか。その課題は大きい。

　現在, 学校教育において直接に「日本を愛する心」を内容とする教育を行うかどうかは別として, 新しい市民 (シティズンシップ) 教育が今後の日本の学校教育の課題となっている。実際, 民主党は同法案第1条 (教育の目的) において,「日本国憲法の精神に基づく真の主権者」の育成を教育の目的としている。さらに, 第15条 (「政治教育」) において,「国政及び地方自治に参画する良識ある真の主権者としての自覚と態度を養うことは, 教育上尊重されなければならない」として,「政治教育」の重要性を強調している。この場合, 民主党が本来政治理念とする新しい社会民主主義は,「旧式の社会民主主義と新自由主義という2つの道を超克する, という意味での第三の道」[6]を求めている。この「第三の道」は, 国家により形成・統制される国家社会ではなく,「市民」自身の責任と力により形成される市民社会をいう。しかし,「『市民』は新しい市民社会に対してア・プリオリ (前置的) に存在するものではない。」[7]そのため, 民主党の新しい社会形成は公共空間に参加し, 熟議し, 新しい市民社会を形成するアクティブな「政治主体」としての「市民」の存在が前提となる。つまり, 民主党は否応なくそうした政治主体としての「市民」を育てる市民 (シ

ティズンシップ）教育の形成を課題とすることになる。現在のところその政策提案はない。

　つぎに「学ぶ権利」の規定は「日本国教育基本法案」の第2条（学ぶ権利の保障，表9.2）にみることができる。学習権をこのように直接に条文化したことは，画期的なことだとされる。現行法では，「すべての国民は，その能力に応じた教育を受ける機会を与えられなければなら」（現行法第4条）ないとして，直接に学習権を規定せず，教育の機会均等の原則を規定する形をとる。それに対して，民主党案は「何人も，生涯にわたって，学問の自由と教育の目的の尊重のもとに，健康で文化的な生活を営むための学びを十分に奨励され，支援され，及び保障され，その内容を選択し，及び決定する権利を有する」と直接に「学習する権利」を規定する。この点について，民主党は，同条が日本国憲法（第26条）にある「教育を受ける権利」（「すべて国民は，法律の定めるところにより，その能力に応じて，ひとしく教育を受ける権利を有する」）を「教育基本法の施策の中心に据えて明記すべき」（「解説書」）であるとして，「学習する権利」を規定したという。また，一般に共通概念として通用している「学習権」ではなく，「学習する権利」と規定した。さらに，「従来『学習権』は，『子どもの学習権』という形で論じられてきたが，人は18歳を超えても一生学び続けるのであり，その趣旨を明らかにするために，『学習権』を含む広い概念として『学ぶ権利』とした」（同書）と説明している。この点，いわゆる「児童・生徒」のみならず「社会人」も含めた生涯学習の基本理念を尊重していることが窺われる。

　また，いわゆる学習権の権利の主体について，現行法（憲法第26条，改正教育基本法第4条）がともに「すべて国民は」と規定しているのに対して，民主党案は「何人も」と広く主体を規定している。この点，10万人を超えるといわれる日本に在住する外国人の学齢児童・生徒の学習権をどう保障するかという現在の政策課題を意識したものとなっている。また，「適切かつ最善な教育の機会」を規定する民主党案の第3条②（「何人も，人種，性別，言語，宗教，社会的身分，経済的地位又は門地によって，教育上差別されない。」）において，現行法にはなかった「言語」を含めたことも関連がある。さらに，「学校教育」を規

表9.2 学ぶ権利の保障等に関する対照表

現行法（自民党案）	日本国教育基本法案（民主党案）
（教育の機会均等） 第4条　すべて国民は，ひとしく，その能力に応じた教育を受ける機会を与えられなければならず，人種，信条，性別，社会的身分，経済的地位又は門地によって，教育上差別されない。 2　国及び地方公共団体は，障害のある者が，その障害の状態に応じ，十分な教育を受けられるよう，教育上必要な支援を講じなければならない。 3　国又は地方公共団体は，能力があるにもかかわらず，経済的理由によって修学が困難な者に対して，奨学の措置を講じなければならない。	（学ぶ権利の保障） 第2条　何人も，生涯にわたって，学問の自由と教育の目的の尊重のもとに，健康で文化的な生活を営むための学びを十分に奨励され，支援され，及び保障され，その内容を選択し，及び決定する権利を有する。 （適切かつ最善な教育の機会及び環境の享受等） 第3条　何人も，その発達段階及びそれぞれの状況に応じた，適切かつ最善な教育の機会及び環境を享受する権利を有する。 2　何人も，人種，性別，言語，宗教，社会的身分，経済的地位又は門地によって，教育上差別されない。 3　国及び地方公共団体は，すべての幼児，児童及び生徒の発達段階及びそれぞれの状況に応じた，適切かつ最善な教育の機会及び環境の確保及び整備のための施策を策定し，及びこれを実施する責務を有する。 4　国及び地方公共団体は，経済的理由によって修学困難な者に対して，十分な奨学の方法を講じなければならない。

定する第4条においては，「国及び地方公共団体は，すべての国民及び日本に居住する外国人に対して，意欲をもって学校教育を受けられるよう，適切かつ最善な学校教育の機会及び環境の確保及び整備に努めなければならない」と規定し，学校教育を受ける主体として，「すべての国民」とは別に「日本に居住する外国人」を設定している。その意味では，民主党の「学習権」は「日本人」に限定しないグローバルな次元での人権の拡大を意図しているといえよう。

以上，「愛国心」と「学習権」の規定を対象として民主党の教育法理念の特徴をみた。その特徴は，端的には「日本を愛する心」を涵養し「日本人」としてのアイデンティティを重視すると同時に，一方で「日本国民」に限らず（日本に居住する）「外国人」にも「学ぶ権利」をグローバルに保障するという多様

性にあった。この「多様性」は，現行の教育基本法にみられる教育目標が「学習権」の権利主体を「(日本) 国民」に限定している点と大きく異なる。現行法の教育目標の特徴は，「日本人」としてのアイデンティティを「徳目」化し，パターナリズム化し，国民国家の共同体の構成員として「教化」するという「一様性」にあった。その意味では，民主党の教育目標は「日本人」としてのアイデンティティを尊重しながら，グローバルな次元での「市民」の育成を目指す「多様性」にあるといえる。

第2節　民主党の教育改革構想

つぎに，民主党の教育改革の特徴をみてみよう。その最も大きな特徴は，教育の自治化と市民統治化により教育行政制度を改革することにある。以下，教育行政改革を中心に民主党の教育改革を検討してみる。

民主党は，日本国教育基本法案において，今後の日本の教育行政改革を以下（表9.3）のように構想した。第1に，地方教育行政の主体を教育委員会ではなく，

表9.3　教育行政に関する規定の対照表

現行法（自民党案）	日本国教育基本法案（民主党案）
（教育行政） 第16条　教育は不当な支配に服することなく，この法律及び他の法律の定めるところにより行われるべきものであり，教育行政は，国と地方公共団体との適切な役割分担及び相互の協力の下，公正かつ適正に行われなければならない。 2　国は，全国的な教育の機会均等と教育水準の維持向上を図るため，教育に関する施策を総合的に策定し，実施しなければならない。 3　地方公共団体は，その地域における教育の振興を図るため，その実情に応じた教育に関する施策を策定し，実施しなければならない。	（教育行政） 第18条　<u>教育行政は，民主的な運営を旨として行われなければならない。</u> 2　<u>地方公共団体が行う教育行政は，その施策に民意を反映させるものとし，その長が行わなければならない。</u> 3　<u>地方公共団体は，教育行政に関する民主的な組織を整備するものとする。</u> 4　<u>地方公共団体が設置する学校は，保護者，地域住民，学校関係者，教育専門家が参画する学校理事会を設置し，主体的，自律的運営を行うものとする。</u>

地方公共団体の長とすること。さらに第 2 に，地方教育行政における民主的な組織を置くこと。そして第 3 に，学校に地域住民等が参画する学校理事会を置くことである。この規定は今後において教育行政を広く「ガバメント（統治）からガバナンス（協治）へ」転換するという教育政策理念を内包している。その立法者意思をみてみる。

　民主党は，同法案第 18 条に大きく教育行政の全体像を示している。この全体像は内容上地方教育行政の組み替えや学校理事会の設置など，既存の地方教育行政制度を変化させる内容をもつことから，実際は民主党の教育行政改革構想であるといえる。具体的には，まず同条 1 項において，「教育行政は，民主的な運営を旨として行われなければならない。」と規定する。教育行政における民主的運営とは何か。この点について，民主党は以下のように説明する。

　「現行法の『不当な支配』という言葉の定義をめぐる，子ども不在の不毛な論争を教育現場から一掃するため，『民主的な運営』という表現にした。この言葉には，学校コミュニティを担う各構成員が意思決定に参画し，意見を熟すことによって，適切にコンセンサスが醸成され，それを的確に実現していくという状況を想定している。[8]」

　教育行政における「民主的な運営」は，大きくは民主党の教育改革の本質原理を指す。神保哲生は，民主党の政策は Disclosure（情報公開，見える化，可視化），Fairness（公正，公平，機会均等，フリーライダー禁止），Safety Net（安心・安全，社会的平等，弱者救済），Localization（地方分権），Inclusion and Participation（社会的包摂と市民参加）の 5 つの基準により構想されていると指摘する[9]。教育行政における「民主的な運営」は，この場合，教育政策における Inclusion and Participation（社会的包摂と市民参加）を意味すると考えることができる。教育における Inclusion and Participation（社会的包摂と市民参加）とは何か。その内容は同条の第 2 項以下に具体的に示されている。

　まず，同条 2 項は，「地方公共団体が行う教育行政は，その施策に民意を反映させるものとし，その長が行わなければならない。」と規定している。ここでは，ラジカルに地方教育行政の主体を従来の教育委員会から「首長」に変え

ている。同条では直接に示されていないが，この前提には従来の地方教育行政の主体であった教育委員会（制度）の見直しがある。

その理由について，「解説書」は以下のように説明している。

「現在の教育行政が三位バラバラ（学校設置者は市町村，人事権は都道府県，学習指導要領は国）で，これを見直さなければならない。また地方自治体では，予算編成権は首長，教育行政は教育委員会という二元性になっており，これを一元化する必要があると考える。その意味では，地域住民の民意を教育行政にも反映させるという観点から，直接選挙によって選ばれる首長を最終的な教育行政の責任者として位置づけることがより適切だと判断した。」

ここでの主張には，明らかに地方教育行政を総合行政化する政治的意図がみられる。このような主張の背景には，現在の教育委員会制度の形骸性への批判とともに，教育委員会が文部科学省の「地方部局」になり，文部科学省による官僚統制の媒介になっていることを排除する官僚制解体の戦略的意図がみられる。近年，教育委員会制度の改革論として，「総合行政モデル」論[10]が台頭している。この理論は，教育委員会が教育行政の運営を独占している現状を打破し，文化・生涯学習事業のみならず，学校教育行政も首長の所管に組み入れ，首長が住民のニーズに沿った総合的な教育施策を展開することを求めている[11]。脱官僚依存の政策を求める民主党の地方教育行政改革はほぼこの総合行政モデル論に同調的であるといえる。

ところで，地方教育行政の主体が首長に移動した場合，これまでの教育委員会制度が担ってきた教育行政の政治的中立性の確保やその制度価値であった「民意吸収」・「民意実現」の機能はどこが担うのか。この点に関して，民主党は同条の第3項で「教育行政における民主的組織」として「教育監査委員会」の設置と第4項で「保護者，地域住民，学校関係者，教育専門家が参画する学校理事会」の設置を主張している。この2つの組織はどのようなものであるのか。その詳細は，民主党が2007年（4月17日）に衆議院に提出した「学校教育力の向上3法案」の1つである「地方教育行政の適正な運営の確保に関する法律案」にみることができる。

表9.4　教育監査委員会の権限

地方教育行政の適正な運営の確保に関する法律案
第9条　委員会は，次に掲げる事務を処理する。 　一　当該地方公共団体の長が処理する教育に関する事務の実施状況に関し必要な評価及び監視を行うこと。 　二　前号の規定による評価又は監視（次条において「評価又は監視」という）の結果に基づき，当該地方公共団体の長に対し，教育に関する事務の改善のために必要な勧告をすること。 　三　当該地方公共団体の長が処理する教育に関する事務に係る苦情の申出について必要なあっせんを行うこと。 　四　前三号に掲げるもののほか，法令に基づき委員会に属させられた事務 2　委員会は，前二号の規定による勧告をしたときは，遅滞なく，その勧告の内容を公表しなければならない。 3　当該地方公共団体の長は，第一項第二号の規定による勧告に基づいてとった措置について委員会に報告しなければならない。この場合においては，委員会は，当該報告に係る事項を公表しなければならない。 4　委員会は，毎年，その事務の処理状況を公表しなければならない。

　まず，「教育監査委員会」については，その数を5人以上（町村は3人以上）として，議会の選挙で選出され，その権限は上（表9.4）のような内容としている。

　規定によると，この教育監査委員会は地方公共団体の長が処理する教育施策とその実施に対する「評価」と「監視」を行う評価・監査機関と位置づけられている。その設置目的は，「教育現場が過度に政治的にならない配慮」（「解説書」）から「首長が行うことが適切かどうかを常に監査対象にする仕組み」（同）として設定され，「教育に関する市民のオンブズパーソン」（同）としての役割にあるとされる。地方教育行政を「選挙により選ばれた首長」に任せることで，形骸化した会議体といわれる教育委員会よりも民意を反映した「民主的な運営」を実現できるという期待は大きい。しかし，それは一方で首長による教育政策が政治的利害性と非公正性を生じさせるというリスクを負う。この教育監査委員会はそうした首長主導の教育政策のもつ弊害をいかに抑制するかという観点から構想された制度であるといえる。

表9.5　学校運営参加に関する規定の対照表

現行法 （学校教育法施行規則，地方教育行政の組織及び運営に関する法律）	民主党案 （地方教育行政の適正な運営の確保に関する法律案）
学校教育法施行規則 （学校評議員） 第49条　小学校には，設置者の定めるところにより，学校評議員を置くことができる。 2　学校評議員は，校長の求めに応じ，学校運営に関し意見を述べることができる。 3　学校評議員は，当該小学校の職員以外の者で教育に関する理解及び識見を有するもののうちから，校長の推薦により，当該小学校の設置者が委嘱する。 地方教育行政の組織及び運営に関する法律 （学校運営協議会） 第47条の五　教育委員会は，教育委員会規則の定めるところにより，その所管に属する学校のうちその指定する学校（以下この条において「指定学校」という。）の運営に関して協議する機関として，当該指定学校ごとに，学校運営協議会を置くことができる。 2　学校運営協議会の委員は，当該指定学校の所在する地域の住民，当該指定学校に在籍する生徒，児童又は幼児の保護者その他教育委員会が必要と認める者について，教育委員会が任命する。 3　指定学校の校長は，当該指定学校の運営に関して，教育課程の編成その他教育委員会規則で定める事項について基本的な方針を作成し，当該指定学校の学校運営協議会の承認を得なければならない。 4　学校運営協議会は，当該指定学校の運営に関する事項（次項に規定する事項を除く。）について，教育委員会又は校長に対して，意見を述べることができる。 5　学校運営協議会は，当該指定学校の職員の採用その他任用に関する事項について，	第二節　学校理事会 第8条　地方公共団体が設置する学校（大学及び高等専門学校を除く。以下この条において同じ。）には，当該学校の運営に関する重要事項を協議する機関として，学校理事会を置かなければならない。 2　学校理事会の構成員は，次に掲げる者（政令で定める規模以下の学校で地方公共団体の長が指定するものに置かれる学校理事会にあっては，第五号に掲げる者を除く。）について，地方公共団体の長が任命しなければならない。 一　当該学校に在籍する児童，生徒又は幼児の保護者（親権を行う者及び未成年後見人をいう。第一三条第五項及び第六項において同じ。） 二　当該学校の所在する地域の住民 三　当該学校の校長 四　当該学校の教員 五　教育に関し専門的な知識又は経験を有する者 六　その他地方公共団体の長が必要とする者 3　地方公共団体の長は，前項第一号，第二号及び第四号に掲げる者について，学校理事会の構成員を任命するに当たってはこれらに掲げる者に係る団体その他の関係者の意向を考慮するものとする。 4　校長は，当該学校の運営に関し当該地方公共団体の規則で定める事項について基本的な方針を作成し，学校理事会の承認を得なければならない。 5　前項に定めるもののほか，校長は，次に掲げる事項について，学校理事会の承認を得なければならない。

当該職員の任命権者に対して意見を述べることができる。この場合において，当該職員が県費負担教職員（第五五条一項，第五八条第一項又は第六一条第一項の規定により市町村委員会がその任用を行う職員を除く。第九項において同じ。）であるときは，市町村委員会を経由するものとする。 6　指定学校の職員の任命権者は，当該職員の任用に当たっては，前項の規定により述べられた意見を尊重するものとする。 7　教育委員会は，学校運営協議会の運営が著しく適正を欠くことにより，当該指定学校の運営に現に著しい支障が生じ，又は生じるおそれがあると認められる場合においては，その指定を取り消さなければならない。 8　指定学校の指定及び指定の取消しの手続，指定の期間，学校運営協議会の委員の任免の手続及び任期，学校運営協議会の議事の手続その他学校運営協議会の運営に関し必要な事項については，教育委員会規則で定める。 9　市町村委員会は，その所管に属する学校（その職員のうちに県費負担教職員である者を含むものに限る。）については第一項の指定を行おうとするときは，あらかじめ，都道府県委員会に協議しなければならない。	一　当該学校の教育課程 二　当該学校の職員に関し第六条の規定により校長が申し出る意見 三　その他当該地方公共団体の規則で定める事項 6　学校理事会は，当該学校の運営に関する事項について，校長に対して，報告を求めることができる。 7　学校理事会は，当該学校の運営に関する事項について，地方公共団体の長又は校長に対して，意見を述べることができる。 8　地方公共団体の長又は校長は，前項の規定により述べられた意見を尊重するものとする。 9　学校理事会の構成員の任免の手続及び任期，学校理事会の議事の手続その他学校理事会の運営に関し必要な事項については，当該地方公共団体の規則で定める。

　つぎに，学校理事会については「地方教育行政の適正な運営の確保に関する法律案」に以下のように規定されている。現行法にある学校評議員制度及び学校運営協議会制度と比較しながら検討してみる。

　学校理事会の特徴は，まずは「置かなければならない。」（地方教育行政の適正な運営の確保に関する法律案第8条）としてその設置が義務化されている点にある（学校評議員制度と学校運営協議会制度は任意設置）。それは，従来学校を管理運営する立場にあった教育委員会が廃止されることから，それに代わる機能を果たす学校の管理運営機関として学校理事会を位置づけたためである。その意味

では，学校理事会は学校運営への支援制度（学校評議員制度）ではなく，さらに学校運営への参加制度（学校運営協議会）でもなく，正に直接的な学校運営制度とイメージされている。

そのため，その役割（権限）は拡大され，強化されている。具体的には，校長の定める学校運営の基本的方針に対して「承認」を行う（この点は学校運営協議会も同様）だけではなく，さらに「教育課程」や「教職員人事」に対しても「承認」を行うことが加えられている。また，その構成員について，「学区の住民，保護者」に加えて「校長，教員」を予定している。その意味では，学校理事会は単に学校運営の基本的事項について「意見を述べる」（学校運営協議会も同様）という諮問機関というよりも，校長・教員と共に学校運営を協議していく運営機関そのものとしての機能が重視されている。この場合，学校理事会に参加する「保護者・地域住民」は「今までの単なる協力者の立場ではなくて，もう一歩進んでまさに責任ある担い手」（「解説書」）と位置づけられている。

いずれにしても，この学校理事会制度は大きく今後の教育行政のしくみを根本的に変化させる教育改革の中心となる。それは，また民主党の政治理念である「包摂と参加」を象徴するものであり，同党の新社会民主主義によるガバナンス改革を教育領域において代表するものであることから，その実現の是非は民主党の教育改革の正否を決めるものとなろう。　　　　　【篠原　清昭】

注
（1）「しんぶん赤旗」2006 年 7 月 5 日。
（2）当時の首相小泉純一郎はこの点に関して「なかなかよくできている」と発言し，さらに当時の官房長官安倍晋三も「これはなかなか琴線にふれることもあるかもしれない」と発言している。
（3）なお，民主党案では，法律名が「日本国教育基本法案」となっている。この場合，「日本国」を法律名に冠することに関して，国会審議では「教育における憲法という考え方から，憲法並みの重きを置かれるものとして，あえて憲法でしか用いられない日本（にっぽん）国を冠する法案とさせていただいた」と説明されている。
（4）『新しい教育基本法の制定に向けて』（草案）民主党・教育基本問題調査会第一次中間報告，2005 年 4 月 13 日。

（5）同上報告。
（6）Giddens, Anthony, *The Third Way-The Renewal of Social Democracy*, Plicy, 1998.（佐和隆光訳『第三の道』日本経済新聞社，1999 年，12 頁）
（7）小玉重夫『シティズンシップの教育思想』白澤社，2003 年，14 頁。
（8）ここでいう「「不当な支配」という言葉の定義をめぐる，子ども不在の不毛な論争」とは，旧教育基本法第 10 条（「教育は，不当な支配に服することなく，国民全体に対し直接に責任を負って行われるべきものである」）を巡る「不当な支配」の主体論争をいう。この論争では，主に「不当な支配」の主体に国家自身が含まれるかどうかという点が争われた。この論争に対して，民主党は「不当かどうかの判断というものも，だれがどういう基準で行うのかということについても，これは非常にあいまい」であるとして，さらに「そもそも，不当な支配に服することなくとは二重の否定表現で，法文としては異例であり，……（教育）基本法になじまない」（国会質疑）と主張している。なお，改正教育基本法では，この「不当な支配」の語句をそのまま継承している。ただし，旧教育基本法にあった後半の「国民全体に対し直接に責任を負って行われるべきものである」という文言は削除され，新たに「この法律及び他の法律の定めるところにより行われるべきもの」の文言が加えられた。これにより，文言解釈上「不当な支配」の主体から立法権者としての国家は除外されたといえる。
（9）神保哲生『民主党が構想する 99 の政策で日本はどうなるか』ダイヤモンド社，2009 年，4 頁。
（10）伊藤正次「教育委員会」松下圭一他編『岩波講座 自治体の構想 4 機構』岩波書店，2002 年，56 頁。
（11）新藤宗幸「教育委員会は必要なのか」『教育をどうする』岩波書店，1997 年，258-259 頁。

索　引

あ

愛国心　52,165-167
青木宏治　37
有倉遼吉　13
家永三郎　15
いじめ　158
市川昭午　24
今橋盛勝　22,25
今村武俊　14
奥平康弘　20,21,37

か

外国語活動　104
改正教育基本法　101
改正必要論　61,65
改正不要論　61
介入主義法　31,38,41
学習指導要領　98
　　——の最低基準性　100
　　——の法的拘束性　99
学校運営協議会　87
学校，家庭及び地域住民等の相互の連携協力　54,56
学校関係者評価　94
学校慣習法　81
学校教育法第21条（一）　53
学校教育力の向上3法案　164
学校協議会　86
学校設置基準　91
学校選択権　33
学校選択の自由化　33
学校選択の自由権　10
学校の説明責任　93
学校の民営化　74,77
学校評価　91
　　——ガイドライン　92
学校評議員　84
　　——類似制度　85
学校理事会　172,175,176
家庭教育　54-56,138,139
兼子仁　13,21,23,36
株式会社　75,76
環境の保全　52

議会制民主主義論　18
規制緩和　72,73,138
規範法化　63
旧教育基本法　65
教育委員会　171,173
教育改革関連法案　30
教育改革立法　30
教育課程　98
「教育課程特例校」　105
教育監査委員会　173,174
教育基本法の改正　50
教育基本問題調査会　166
教育行政　57
教育振興基本計画　50,58
教育勅語　65,67
教育の私事化　10
教育法意識　26
教育法関係　26
教育法現象　30
教育法社会学　25
教育目標（目的）　64,66
教育を変える17の提案　60
教員給与　128
教員制度　118
教員評価　133
教員免許　119
　　——の更新制　123
教科書　110
教科書裁判第二次訴訟　16
教師の教育権　13
教職実践演習　120
教職大学院　129
行政調査　109
勤労を重んずる態度　52
熊谷一乗　24,25
黒崎勲　10,32
経済財政諮問会議　72,75
形成的評価　96
憲法・教育基本法体制　11,31
権利義務法　31
公共の精神　52
構造改革特別区域　75
　　——法　76,78,150
校長や教頭の資格要件の緩和　126

180　索　引

『心のノート』　111
個人権　39
子育て支援　148,151
コミュニティ・スクール　89
今野健一　37

さ

相良准一　14
佐藤幸治　40
参加モデル　43
資源配分法　31
自己評価　94
　　――報告書　95
私事の組織化　10
自省的法　41,43
指導改善研修　130
指導が不適切な教員に対する人事管理システム
　のガイドライン　131
児童虐待　141-144
指導教諭　127
児童の権利に関する条約　143
指導要録　107
指導力不足教員　132
社会権　39
　　――的基本権　38
　　――的教育権　41
自由権的基本権　38,40
自由権的教育権　41
10年経験者研修　134
主幹教諭　127
主権者教育権説　16
出席停止　157
小学校設置基準　73
情操と道徳心　51
少人数学級　112
職員会議　83
私立学校　54,55
人格的自立権　40
人格の完成　65-67
新自由主義　82
神保哲生　172
杉原泰雄　17
杉本裁判　15
政権交代　164
全国学力・学習状況調査　108
総合規制改革会議　72,75,150
「総合行政モデル」論　173
総合的な学習の時間　103

た

大学　54,55
待機児童　146
第三者評価　94
第三の学校経営改革　10
第三の道　168
体罰　143,154
高野桂一　25
高柳信一　15
確かな学力　102
田中耕太郎　14,68
地域学校経営　90
チャータースクール法　42
中学校設置基準　73
懲戒　154
トイブナー　42
道徳の法化　59
特色ある学校づくり　88
特定非営利活動法人（NPO法人）　75,76
特別非常勤講師　122
特別免許状　121
戸波江二　35

な

永井憲一　16
成嶋隆　67
日本教育法学会　34
日本公法学会　18
日本国教育基本法案　165
認定こども園　151

は

はどめ規定　100,101
馬場健一　22,43
ハーバーマス　41
副校長　127
藤田英典　34
二つの教育法関係論　22
不当な支配　57,58
保育所　145,146
　　――保育指針　146
法化　41,42
法化論　41
星野安三郎　20,37
堀尾輝久　13,34,36

ま

学ぶ権利　165,169,170
マニフェスト　164
未履修問題　106
民主党　164
宗像誠也　12,24
免許状更新講習　125
森田明　12

や

幼児期の教育　54,56
幼稚園　145,146
　──教育要領　146,148
　──設置基準　73
幼保一元化　149
余裕教室　113

わ

我が国と郷土への愛　52,53

〔著者紹介〕

篠原　清昭（しのはら　きよあき）

岐阜大学教職大学院教授
筑波大学大学院博士課程中退　博士（教育学，九州大学）
九州大学大学院助教授を経て現職
学会活動：日本教育経営学会理事，日本学習社会学会理事
主要著書：
　『諸外国の教育改革と教育経営』（シリーズ教育の経営6　日本教育経営学会編）玉川大学出版部，2000年（共編著）
　『中華人民共和国教育法に関する研究―現代中国の教育改革と法―』（日本教育行政学会賞）九州大学出版会　2001年（単著）
　『総合選抜制度解体の研究―高校入試制度と平等の崩壊―』広島県高等学校教職員組合教育研究所委嘱研究叢書3，2002年（編著）
　『ポストモダンの教育改革と国家』教育開発研究所，2003年（編著）
　『スクールマネジメント』ミネルヴァ書房，2006年（編著）
　『学校のための法学（第2版）』ミネルヴァ書房，2008年（編著）
　『教職リニューアル』ミネルヴァ書房，2009年（監修・共編著）
　『中国における教育の市場化』ミネルヴァ書房，2009年（単著）

笠井　尚（かさい　ひさし）

中部大学教職課程准教授
名古屋大学大学院博士課程中退
東海女子短期大学助教授を経て現職
主要著書・論文：
　『現代教育と教師』大学教育出版，2006年（共編著）
　『資料で読む教育と教育行政』勁草書房，2002年（分担）
　『教育自治と教育制度』大学教育出版，2003年（分担）
　『スクールマネジメント』ミネルヴァ書房，2006年（分担）
　『学校のための法学（第2版）』ミネルヴァ書房，2008年（分担）
　「学校経営と学習活動を支える学校環境整備―愛知県犬山市における『学びの学校建築』づくり―」『日本教育経営学会紀要』第50号，2008年（単著）

生嶌　亜樹子（しょうじま　あきこ）

愛知教育大学専任講師
九州大学大学院博士課程単位取得退学
東海女子短期大学（東海学院大学短期大学部に改称）講師を経て現職
主要著書・論文：
　『総合的な学習の時間―カリキュラムマネジメントの創造―』日本教育綜合研究所，2001年（分担）
　『課題を克服するための総合的な学習 成功のカギ』ぎょうせい，2002年（分担）
　『総合選抜制度解体の研究―高校入試制度と平等の崩壊―』広島県高等学校教職員組合教育研究所委嘱研究叢書3，2002年（分担）
　『学校のための法学（第2版）』ミネルヴァ書房，2008年（分担）
　「総合的な学習のカリキュラムマネジメントに関する考察―研究主任の経営機能に焦点をあてて―」『九州教育学会研究紀要』第28巻，2001年（単著）
　「高校再編の現代的様相―長崎県の高校入試改革を中心に―」九州大学人間環境学府『飛梅論集』第4号，2005年（単著）

〔監修者紹介〕

小島 弘道（おじま　ひろみち）

龍谷大学教授，京都教育大学大学院連合教職実践研究科教授，筑波大学名誉教授
東京教育大学大学院教育学研究科博士課程単位取得満期退学
神戸大学，奈良教育大学，東京教育大学，筑波大学，平成国際大学を経て現職
この間，モスクワ大学で在外研究
学会活動：日本教育経営学会理事・元会長，日本教育行政学会理事，日本学習社
　　　　　会学会常任理事
主要著書：
　『学校と親・地域』東京法令出版，1996 年
　『21 世紀の学校経営をデザインする　上・下』教育開発研究所，2002 年
　『教務主任の職務とリーダーシップ』東洋館出版社，2003 年
　『校長の資格・養成と大学院の役割』東信堂，2004 年（編著）
　『時代の転換と学校経営改革』学文社，2007 年（編著）
　『教師の条件―授業と学校をつくる力―（第 3 版）』学文社，2008 年（共著）

［講座 現代学校教育の高度化 4］
現代の教育法制

2010 年 4 月 20 日　第 1 版第 1 刷発行

監　修　小島　弘道
著　者　篠原　清昭
　　　　笠井　　尚
　　　　生嶌亜樹子

発行者　田中　千津子　　〒153-0064　東京都目黒区下目黒3-6-1
　　　　　　　　　　　　電話　03（3715）1501 ㈹
発行所　株式会社 学文社　FAX　03（3715）2012
　　　　　　　　　　　　http://www.gakubunsha.com

©K. Shinohara/H. Kasai/A. Shojima 2010　　　印刷　新灯印刷
乱丁・落丁の場合は本社でお取替えします。　　製本　小泉企画
定価は売上カード，カバーに表示。

ISBN 978-4-7620-2074-2

講座 現代学校教育の高度化
（小島 弘道 監修）

各巻：Ａ５判上製，180～200頁

〈知識基盤テーマ群〉
『第 1 巻　現代の教育課題』
『第 2 巻　現代教育の思想』
『第 3 巻　現代の教育政策・行政』
『第 4 巻　現代の教育法制』
『第 5 巻　「考える教師」―省察，創造，実践する教師―』
『第 6 巻　生涯学習と学習社会の創造』
『第 7 巻　スクールリーダーシップ』

〈学校づくりテーマ群〉
『第 8 巻　学校づくりと学校力の構築』
『第 9 巻　学校づくりとカリキュラム開発・マネジメント』
『第 10 巻　学校づくりと安全・危機管理』
『第 11 巻　学校づくりとスクールミドル』
『第 12 巻　学校づくりの組織論』
『第 13 巻　学校づくりと学校評価』
『第 14 巻　学校づくりと家庭・地域社会』
『第 15 巻　学校づくりと予算・財務』

〈教育実践テーマ群〉
『第 16 巻　授業づくりと学びの創造』
『第 17 巻　学校教育と学級・ホームルーム経営の創造』
『第 18 巻　学校教育と生活指導の創造』
『第 19 巻　学校教育と教育カウンセリングの創造』
『第 20 巻　学校教育とキャリア教育の創造』
『第 21 巻　学校教育と特別支援教育の創造』
『第 22 巻　学校教育と国際教育の創造』
『第 23 巻　学校教育と道徳・人権教育の創造』
『第 24 巻　学校改善と校内研修の設計』
『第 25 巻　学校教育と国民の形成』

〈教育内容テーマ群〉
『第 26 巻　リテラシー実践と国語教育の創造』
『第 27 巻　数学的リテラシーと数学教育の創造』
『第 28 巻　社会参画と社会科教育の創造』
『第 29 巻　科学的リテラシーと理科教育の創造』
『第 30 巻　リテラシーを育てる英語教育の創造』